Stefano Bocciolesi

Un cuore che ascolta

Stefano Bocciolesi

Un cuore che ascolta

Joseph Ratzinger profeta dei nostri giorni

Edizioni Sant'Antonio

Imprint

Cover image: www.ingimage.com

Publisher:
Edizioni Accademiche Italiane
is a trademark of
International Book Market Service Ltd., member of OmniScriptum Publishing Group
17 Meldrum Street, Beau Bassin 71504, Mauritius

Printed at: see last page
ISBN: 978-613-8-39161-6

Indice

Introduzione 5

Capitolo 1

I nuovi pagani e la Chiesa 11

1.1. Contesto pastorale di riferimento 11

1.2. Contesto socio-religioso di riferimento 13

1.3. Contesto teologico di riferimento 14

1.4. *I nuovi pagani e la Chiesa*: contenuto dell'articolo 15

1.5. Profezia del testo 24

1.6. Rilievi conclusivi 26

Capitolo 2

La Fraternità Cristiana 31

2.1. Gesù Cristo fratello universale 32

2.2. Chiesa: canale e strumento di Grazia "fraterna" 33

2.3. Padre Nostro 34

2.4. Profezia del testo 34

2.5. Comunità e/o Fraternità 36

2.6. Rilievi teologici conclusivi 40

2.7. E Papa Francesco? 42

Capitolo 3

Il dio dei filosofi e il Dio di Gesù Cristo 45

3.1. "Fuoco. Dio d'Abramo, Dio d'Isacco, Dio di Giacobbe, non dei filosofi e degli scienziati" 47

3.2. Due proposte di sintesi tra fede e ragione 47

3.3. La sfida di un Dio personale 49

3.4. Profezia del testo: la lezione di Ratisbona 52

3.5. Attualità 57

Capitolo 4

Nessuna salvezza fuori della Chiesa? 61

4.1. Breve excursus storico 62

4.2. Stato attuale del problema 66

4.3. Aspetto soggettivo 67

4.4. Aspetto oggettivo 71

4.5. La *Dominus Jesus*: lettura ecumenica 73

4.6. La *Dominus Jesus* e il dialogo interreligioso 78

4.7. E Papa Francesco? 80

Capitolo 5

Per una teologia del Matrimonio cristiano 82

5.1. La "sacramentalità" del matrimonio 84

5.2. Agostino e Bonaventura 86

5.3. Il punto di partenza dell'etica matrimoniale cristiana 88

5.4. I diversi piani della realtà del matrimonio 91

5.5. Le norme per l'*ethos* del matrimonio 93

Capitolo 6

L'unità delle nazioni: Una visione dei Padri della Chiesa 96

6.1. La "teologia politica" della fede cristiana 97

6.2. Origene e Agostino 99

6.3. La critica agostiniana alla Teologia Politica 101

6.4. Attualità 103

Conclusioni:

La Profezia dell'amore: "Guardare indietro per Andare avanti" 105

Bibliografia 120

Introduzione

"Il Signore tuo Dio susciterà per te,
in mezzo a te,
fra i tuoi fratelli,
un profeta pari a me;
a lui darete ascolto"
(Dt 18, 15)

Che cos'è un profeta? Il termine deriva dal greco *prophètes*: prefisso *pro* (davanti a, al posto di) e verbo *phe* (dire, parlare). Quindi etimologicamente il profeta è una persona che parla davanti a qualcuno, l'annunciatore di qualche messaggio pubblico, il portavoce di una persona autorevole. È un annunciatore, un interprete di qualcun altro, di Dio.

Nell'Antico Testamento sono stati presenti da sempre i profeti accanto ai sacerdoti e ai dottori della legge per un motivo essenziale: perché Dio ha riservato a sé la parola dei profeti come una propria parola libera. I profeti sono stati chiamati, e direi obbligati, a richiamare il popolo al vero significato della Parola di Dio e alle richieste del Dio vivente contro il pericolo, sempre presente, di fraintendere o distorcere la Parola di Dio. Il principale segno di riconoscimento di un profeta è il fatto che egli con Dio ha un rapporto di fiducia, che parla con Dio faccia a faccia, come un amico. E solo a partire da questo incontro intimo con il Signore egli può parlare al suo tempo come testimone credente e credibile. Il profeta è obbligato ad annunciare la verità che è Dio, chiamato ad annunciare non proprie idee o convinzioni ma il messaggio di chi lo ha inviato. Il profeta è con tutto sé stesso a servizio di colui che la chiamato al fine di annunciare quella verità che sola può illuminare gli uomini del presente. A questo punto diventa chiaro come nella Chiesa di oggi ci sia un bisogno urgente di profeti. Veramente un rinnovamento della Chiesa potrà esserci solo da uomini profetici e questa è una chiamata che Dio rivolge a tutti. Infatti a tutti Dio invita a vivere in comunione e in una relazione personale con lui.

Da questo punto di vista l'intera teologia di J. Ratzinger-Benedetto XVI è stata una teologia profetica. Infatti per lui è sempre stata centrale la domanda su Dio nella vita del cristiano, nella comunità di fede della Chiesa e nel dialogo con la modernità. Con passione profetica egli annuncia Dio, verità dell'uomo, come *Logos* e *Agape.* Una ragione e un amore che si sono resi manifesti in Gesù Cristo, volto di Dio. In Gesù Cristo ci viene incontro il vero e definitivo profeta perché, come Figlio di Dio, vive "faccia a faccia" con Dio. Vivere da cristiano-profeta, secondo papa Benedetto, significa orientare la propria vita a Cristo, ascoltare la sua Parola ed esserne al suo servizio. Oggi si può constatare di come c'è chi, con troppa superficialità, assegna a sé stesso o ad altri il compito di profeta all'interno della Chiesa. Non di rado, poi, nella coscienza moderna il profeta si pone come critico di quelli che sono alla guida della comunità dei fedeli e che hanno l'autorità della Parola. A questo riguardo il grande teologo Henry de Lubac ha affermato come oggi sia una consuetudine spiegare come "profetica" "ogni denuncia, ogni sobillamento e ogni azione fallita", "anche quando è fin troppo chiaro che essa deriva da ignoranza, prevenzione, concessione all'opinione passeggera o semplicemente alla debolezza umana e che presenta tutti i segni di un falso profetismo"[1].

Il vero profeta biblico si distingue da questo perché egli non ricerca una missione profetica ma, al contrario, lo spavento lo fa resistere alla chiamata di Dio. Ciò è reso evidente dalla vicenda del profeta Giona. Egli non vuole andare dove Dio l'ha inviato affidandogli un messaggio chiaro e preciso. Egli non vuole andare a Ninive ma cambia strada e non solo per paura ma perché sa che farà una "brutta figura": Dio infatti non si atterrà al duro giudizio minacciato ma si comporterà verso Ninive come un Dio misericordioso. Il libro di Giona racconta proprio la storia di come Dio dovrà insistere su Giona affinchè lui diventi servitore del volere universale di misericordia di Dio. Nella Bibbia non esistono uomini che si autoproclamano profeti e quando questo succede vengono subito etichettati come falsi profeti. Il vero profeta viene chiamato da Dio e, generalmente, Dio deve insistere affinchè il prescelto accetti l'incarico. In altri termini il

[1] H. De Lubac, *Krise zum Heil. Eine Stellungnahme zur nachkonzialiarem Traditionsvergessenheit,* Rieden-Allgäu, 2002, p. 39.

profeta è totalmente a servizio della chiamata di Dio. Anche oggi nella Chiesa un vero profeta si riconosce se non annuncia idee e convinzioni proprie ma se, al servizio di un Dio che l'ha inviato, annuncia il messaggio di Dio. Il compito del vero profeta è quello di impegnare sé stesso e la Chiesa nell'obbedienza al Vangelo. Se tutto questo è vero si può ben comprendere come, in fondo, il primo e principale profeta sia proprio il Papa in quanto garante nella Chiesa dell'obbedienza al Vangelo di Gesù Cristo. È per questo che egli deve essere un modello di obbedienza e un modello di come siamo chiamati ad essere profeti. Questo, in realtà, ci sembra strano perché nell'odierna coscienza spesso il profeta viene presentato come controparte del legiferatore e critico nei confronti di coloro che nella comunità dei fedeli sono alla guida e che in essa esercitano l'autorità della parola. Ma non sempre è così: la citazione del deuteronomio posta all'inizio, come frase di apertura, a questo testo è una parola proveniente da Mosè, colui che ha ricevuto la Legge da Dio e l'ha dettata al popolo di Dio. In questo testo Mosè presenta sé stesso come un profeta e questo ci interroga e ci spinge a ricercare nella Sacra Scrittura i caratteri distintivi di un profeta, non sempre incompatibili con chi riveste nella Chiesa un ruolo di guida e responsabilità. Subito dopo la sua elezione, papa Benedetto XVI, ha espresso questo atteggiamento del profeta quando ha affermato che il suo programma di governo è quello di mettersi in ascolto, con tutta la Chiesa, della Parola e della volontà del Signore, lasciarsi guidare da Dio, in modo che sia Egli stesso a guidare la Chiesa. Un titolo di un convegno internazionale, dedicato alla teologia e alla spiritualità di Papa Benedetto XVI, che poi è anche il titolo di questo lavoro è il seguente: "Un cuore che ascolta". Con questo titolo si voleva dire che la teologia di Benedetto XVI è una teologia profetica, nel senso biblico sopra esposto. Ma in che senso J. Ratzinger-Benedetto XVI è stato, ed è ancora, un profeta? Benedetto XVI si è trovato ad essere pontefice in un tempo non facile e da persona di fede e pensiero ha percepito, fin da subito, la sua missione nel riproporre i punti cardinali di una bussola capace di riorientare i cristiani "disorientati" e "spaesati" di oggi: la verità di un Dio personale, un Dio che è, nello stesso tempo, ragione creatrice e amore, la verità di una fede centrata su Cristo e sul mistero pasquale, il primato della Grazia, l'importanza della verità e il dovere della ragione umana di cercarla contro ogni "dittatura del relativismo" etc. La visione di Benedetto XVI conserva ad oggi tutta la sua validità e continua ad indicare compiti di lavoro ancora da compiere e campi aperti e inediti di ricerca su cui cimentarsi. Questo perché l'uomo non potrà mai dispensarsi dall'usare la ragione: la fede ha bisogno dell'intelligenza e l'intelligenza ha bisogno della fede. La fede ha bisogno della critica della ragione per mantenersi libera da irrazionalità e fondamentalismi, la ragione ha bisogno della fede perché la purifica e la mantiene libera dal potere e dagli interessi. L'uomo ha bisogno di entrambi se vuole esercitare pienamente la sua responsabilità. La voce di Benedetto XVI è profetica perché capace di coinvolgere la Chiesa nella grande avventura del dialogo tra fede e cultura moderna in cui il dialogo con le scienze, le culture e le religioni sono alla base di una ragione aperta e allargata che sa andare oltre lo scientismo, il positivismo e il relativismo.

Con questo lavoro ho cercato di rendere nota l'attualità profetica di alcuni scritti giovanili e poco conosciuti di J. Ratzinger, cercando di evidenziarne la continuità con alcuni suoi interventi successivi in qualità di cardinale e pontefice, e questo proprio per rendere palese la coerenza, nelle linee essenziali, del suo pensiero. Sono stato molto fedele ai testi nella consapevolezza che quegli stessi testi, riletti alla luce degli insegnamenti magisteriali di Benedetto XVI, hanno molto da dirci e da insegnarci. Ho cercato anche di inserire, dove ho ritenuto opportuno, alcuni insegnamenti di Papa Francesco sulle diverse tematiche trattate nel corso del testo, per cogliere, al di là di una certa diversità di stile rispetto a Papa Benedetto, un comune filo rosso che lega i due pontefici: quello dottrinale.

Capitolo 1

I nuovi pagani e la Chiesa

Ho recentemente “scoperto” un articolo di un giovanissimo, appena ordinato sacerdote, J. Ratzinger. Un articolo scritto prima del Concilio Vaticano II, nel 1958, quando ancora non aveva finito gli studi e non aveva intrapreso la carriera teologica. Un testo estremamente significativo perché nato dal basso. Nato, cioè, dall’esperienza pastorale che vide coinvolto J. Ratzinger in qualità di viceparroco in una parrocchia di Monaco. Riflessione che maturò soprattutto dal contatto con i bambini e i ragazzi a cui, proprio in quel periodo, insegnava religione.

Prima di addentrarmi nel contenuto dell’articolo, cercherò di dare un rapido sguardo ai diversi contesti in cui si è trovato ad operare J. Ratzinger e da cui sicuramente ha attinto per le sue riflessioni. In seguito passerò ad analizzare il testo in questione per poi tentare di coglierne degli insegnamenti validi anche per noi oggi.

1.1. Contesto pastorale di riferimento

Dopo essere stato ordinato sacerdote, il 29 giugno del 1951, per la festa dei Santi Pietro e Paolo, il giovanissimo J. Ratzinger, dopo aver passato l’estate nella parrocchia di S. Martino, nel quartiere di Moosach, a seguito del fatto che il parroco si era ammalato e necessitava per un po' di essere sostituito, si presentò nella parrocchia del preziosissimo Sangue di Bogenhausen a Monaco. Per i superiori questa era, infatti, la parrocchia giusta in cui far esercitare un minimo di servizio di "cura d'anime", come si diceva allora, ad un giovane sacerdote appena ordinato destinato, in seguito, ad altri compiti[2]. La comunità parrocchiale di Bogenhausen era segnata in profondità dal grande amore per Cristo e dalla grande disponibilità e generosità al servizio del suo parroco, Max Blumschein, pastore al preziosissimo Sangue dal 1934 al 1956. Il suo esempio sarà molto importante per il novello sacerdote J. Ratzinger e lo spronerà a dedicarsi con impegno e spirito di servizio ai compiti in cui verrà chiamato, in parrocchia come altrove.

Quali sono stati i suoi principali servizi in parrocchia?

Il suo compito principale consisteva nell'insegnamento della religione ai bambini e ai ragazzi. Queste lezioni, non meno di 16 ore alla settimana, erano sempre ben preparate e mai improvvisate, come nel suo stile. Riuscì a legare e a stringere dei buoni rapporti con i ragazzi e provò un senso di gioia a lasciare l'astrazione intellettuale da studioso per abbracciare il mondo concreto e, nello stesso tempo, fantastico dei bambini. Oltre a questo ogni domenica doveva celebrare almeno 2 volte la S. Messa e tenere 2 omelie, ogni mattina dalle 6 alle 7, così come tutto il sabato pomeriggio, lo dedicava al sacramento della penitenza, c'era, poi, tutto il lavoro con i gruppi giovanili e la

---

[2] Per le notizie inerenti all'attività pastorale del giovane sacerdote J. Ratzinger si fa riferimento al testo di Elio Guerriero, *Servitore di Dio e dell'umanità. La biografia di Benedetto XVI,* Mondadori, Milano, 2016, p. 53-56.

preparazione e la celebrazione dei matrimoni, battesimi, prime comunioni, funerali. Da tutto ciò nasceranno amicizie e incontri importanti, tanto che il giovane appassionato di teologia che, fino a quel momento credeva di non essere "tagliato" per fare il parroco tanto da avere dubbi anche sulla sua vocazione, cominciò a sperimentare nel servizio pastorale la gioia del ministero sacerdotale e la bella sensazione di stare facendo qualcosa di veramente importante e utile[3].

1.2. Contesto socio-religioso di riferimento

Il giovane viceparroco J. Ratzinger non si ferma al mero circuito parrocchiale ma, girando in bicicletta per Monaco, è anche un attento osservatore del mondo che lo circonda. È capace di analizzare in profondità le cause della rinascita del paese dopo la distruzione della guerra. Anni in cui si voleva costruire una società fondata su un diritto e una nuova moralità, sull'uguaglianza e la solidarietà tra gli uomini e le nazioni. Su questi elementi poteva ri-fondarsi l'idea di Europa, come felice incontro tra radici cristiane e stati moderni.

Ma ciò che ha sempre contraddistinto J. Ratzinger, fin dagli inizi, è che non si è mai lasciato prendere la mano dal facile entusiasmo del momento ma, al contrario, nelle sue analisi non ha mai rinunciato allo spirito critico. Ed è così che, proprio nell'insegnamento della religione ai bambini e ai ragazzi, si rese conto, profeticamente, in un contesto "apparente" di cristianesimo diffuso che, in realtà, il modo di pensare

---

[3] J. Ratzinger, *La mia vita. Autobiografia,* San Paolo, Cinisello Balsamo, 1997, p. 68.

e vivere di molti ragazzi non poteva dirsi cristiano. Ragazzi che certamente ancora partecipavano per convenzione sociale, abitudine e tradizione ai riti e alle manifestazioni della Chiesa ma che, in realtà, vivevano come pagani e in modo non evangelico. Questa constatazione, ora abbastanza evidente come un triste dato di fatto, all'epoca, in un contesto "apparente" di religiosità diffusa fatta di Chiese piene e riti tradizionali sempre molto partecipati, questo scomodo pronunciamento di un giovane viceparroco alla sua prima esperienza pastorale farà abbastanza discutere e sarà all'origine di un suo successivo articolo del 1958 dal titolo emblematico, *I nuovi pagani e la Chiesa*[4].

1.3. Contesto teologico di riferimento

In realtà questo stato di cose in cui versava la cristianità occidentale era già stato denunciato da due sacerdoti francesi, H. Godin e Y. Daniel, durante la guerra in un piccolo libricino, destinato a fare scalpore, dal titolo significativo, *Francia, paese di missione?*[5]. Anche in ambito tedesco una voce che, già da qualche anno, si era levata invitando la Chiesa a prendere atto della progressiva scristianizzazione dei paesi che solo formalmente continuano a chiamarsi cristiani era quella del teologo svizzero Hans Urs Von Balthasar. Egli continuava ad affermare che la Chiesa doveva

[4] L'articolo sarà pubblicato nel 1958 sulla rivista *Hochland,* 51, 1958-59, p. 325-328. Verrà inserito successivamente in un volume tradotto in italiano con il titolo *Il nuovo popolo di Dio,* Queriniana, Brescia, 1971, p. 351-364.

[5] Cfr. H. Godin, Y. Daniel, *France, Pays de mission?,* Cerf, Paris, 1943.

abbattere al suo interno i bastioni del trionfalismo, privarsi di tutte quelle forme di pietà e istituzioni altisonanti che non solo non trasmettevano più il Vangelo ma potevano essere addirittura di ostacolo nella testimonianza dell'amore di Cristo che è venuto a salvare tutti gli uomini e non la sola cristianità[6]. Molto probabilmente il giovanissimo J. Ratzinger, nella sua analisi, si sarà confrontato e avrà tenuto in considerazione anche questi contributi teologici. C'è da dire anche che, in quello stesso periodo, un altro sacerdote in Italia di nome Don Luigi Giussani era approdato, anch'egli come insegnante di religione nella scuola, alle stesse considerazioni inerenti la scristianizzazione di J. Ratzinger e, proprio per far fronte a questo, diede avvio ai gruppi di Gioventù studentesca, il primo nucleo di quello che poi sarà il movimento di Comunione e Liberazione[7]. Ricordiamo a riguardo come proprio Balthasar, Don Luigi Giussani e J. Ratzinger, nei decenni successivi, saranno sempre legati da profonda amicizia, anche a motivo della loro particolare sintonia e comunione nella riflessione teologica.

1.4. *I nuovi pagani e la Chiesa*: contenuto dell'articolo

Passiamo, ora, ad analizzare il contenuto dell'articolo, *I nuovi pagani e la chiesa.* Cosa afferma il giovane e acuto viceparroco J. Ratzinger in questo testo? L'articolo parte da due importanti

---

[6] Cfr. H. Urs. Von Balthasar, *Schleifung der Bastionen,* Johannes Verlag, Einsiedeln, 1952. L'opera verrà tradotta in Italiano nel 1966 da Borla con il titolo, *Abbattere i bastioni.*
[7] Cfr. A. Savorana, *Vita di don giussani,* BUR, Rizzoli, Milano, 2013.

constatazioni, inerenti allo stato di "salute" cristiana dell'Europa in genere e, più nello specifico, delle persone occidentali:

1- L'Europa è cristiana soltanto di nome ma è, ormai, la culla di un nuovo paganesimo che cresce e si diffonde dall'interno della Chiesa stessa:

> Questa Europa, cristiana di nome, è ormai da oltre quattrocento anni la culla di un nuovo paganesimo, che cresce senza sosta nel cuore stesso della Chiesa e minaccia di demolirla dall'interno. L'immagine della Chiesa dell'era moderna è essenzialmente .... Chiesa di pagani, che si chiamano ancora cristiani ed in verità sono divenuti pagani[8].

2- Le persone occidentali non fanno propria la fede della Chiesa ma "si formano una loro propria visione del mondo attraverso una selezione soggettiva della professione di fede della chiesa" attraverso un atteggiamento razionalistico. Afferma a riguardo Ratzinger:

> Ciò che si abbraccia, è un atteggiamento di fondo più o meno razionalistico, che afferma ed accetta certo la responsabilità morale dell'uomo, ma la motiva e la delinea sulla base di considerazioni meramente razionali[9].

---

[8] J. Ratzinger, *Il nuovo popolo di Dio,* p. 351.

[9] J. Ratzinger, *Il nuovo popolo di Dio,* p. 352.

A questo punto la domanda a cui cerca di dare una risposta il nostro autore è la seguente: come si è arrivati a questo? La risposta data da J. Ratzinger nell'articolo prende in considerazione lo sviluppo storico del cristianesimo per tentare di delineare una possibile origine storica della crisi attuale della Chiesa[10]. Afferma Ratzinger che, all'inizio, la Chiesa si fondò sulla decisione personale del singolo di convertirsi al Signore. Ma questa conversione al Signore passava sempre per la consapevolezza, anche causata dalle varie lotte interne contro gli eretici, che il cristiano rimaneva sempre un peccatore e che persino le mancanze e i peccati più gravi sono possibili nella comunità cristiana. Ciò che distingueva, quindi, i cristiani dai non cristiani non era la loro perfezione morale ma, altresì, la fede nella grazia di Dio che si è rivelata in Cristo. È sul primato della grazia che si fondava e si determinava la comunità dei fedeli, la Chiesa. Afferma Ratzinger che, tuttavia, questo atteggiamento di fondo cambiò nel medioevo perché si andò ad identificare sempre più la Chiesa con il mondo. Da questo momento in poi l'essere cristiano non era più frutto di una decisione personale di conversione al Signore ma si trasformò gradualmente in una necessità politico-culturale. Si incominciò ad affermare che Dio ha prescelto la parte occidentale del mondo che acquistò, in questo modo, una coscienza di elezione politico-culturale. L'Europa quale "popolo eletto" dal mondo, prescelto e benedetto da Dio. Oggi, dirà Ratzinger, è rimasta l'identificazione esteriore di Chiesa e mondo ma è venuta meno la convinzione di una particolare benevolenza divina.

[10] Cfr. J. Ratzinger, *Il nuovo popolo di Dio,* p. 352-353.

Ecco il punto centrale dell'articolo: proprio questa identificazione Chiesa-mondo, almeno nelle sue forme esterne, è stata la causa della perdita della proposta cristiana nel mondo di oggi. La proposta coraggiosa che J. Ratzinger delinea per risollevarsi dalla crisi è quella di smantellare l'apparenza della identificazione della Chiesa con il mondo e ritornare alle origini della Chiesa facendola ridiventando ciò che essa è, una comunità di credenti:

> La sua forza missionaria potrà effettivamente soltanto crescere attraverso a tali perdite. Solo se cessa di essere qualcosa di troppo naturale e scontato, solo se comincia a presentare nuovamente se stessa per ciò che essa è, sarà in grado di raggiungere nuovamente con il suo messaggio l'orecchio dei nuovi pagani, che si possono a tutt'oggi illudere di non essere pagani[11].

Questo comporta anche la perdita di "preziosi vantaggi", derivati dalla fusione fra Chiesa e società civile. Ma questo non è semplicemente una scelta che la Chiesa è libera di fare o meno ma è una "scelta obbligata" perché, secondo Ratzinger, ci troviamo di fronte ad un processo irreversibile di demondanizzazione della Chiesa. La Chiesa sarà chiamata in un prossimo futuro, volente o nolente, ad affrontare questo passaggio di demondanizzazione e, proprio per vivere al meglio questo cambiamento epocale, dovrà incominciare a prepararsi attivamente, fin d'ora, a questo passaggio. In caso contrario la Chiesa sarà costretta a subire passivamente e in modo brusco questo processo.

[11] J. Ratzinger, *Il nuovo popolo di Dio,* p. 356.

Di questo processo irreversibile di demondanizzazione della Chiesa J. Ratzinger distingue tre piani, il piano sacramentale, il piano dell'annuncio e quello delle relazioni[12]:

1- I Sacramenti: deve ri-diventare chiaro che i Sacramenti non hanno senso se manca la fede, non sono riti magici o riti meramente cerimoniali (matrimoni, battesimi ...). Regalare o mendicare i Sacramenti significa svalorizzarli. Non si tratta di rendere facile o difficile l'accesso ai Sacramenti ma di portare le persone alla capacità di poter conoscere e ricevere la grazia dei Sacramenti come grazia. Vi deve essere sempre un primato della fede rispetto al solo sacramentalismo che non serve e minimizza, banalizzandola, la serietà della pretesa cristiana. Va in questo senso attuata un' auto delimitazione e una discriminazione, coraggiosa e realista, di ciò che è cristiano da ciò che non lo è.
2- L'annuncio della fede: Se il Sacramento è il luogo in cui la Chiesa si deve delimitare rispetto alla non Chiesa, la Parola, invece, è il modo con cui la Chiesa trasmette l'invito, accogliente e aperto a tutti, alla mensa di Dio. Ma esistono, dirà Ratzinger, due tipi di annuncio. Il primo è la predicazione ordinaria della Liturgia domenicale, breve, capace di introdurre nel mistero pasquale che viene celebrato, mistero di fede accettato ed affermato. Il secondo è l'annuncio missionario che dovrebbe far scoprire all'uomo non tanto singoli temi o parti

[12] Cfr. J. Ratzinger, *Il nuovo popolo di Dio,* p. 356-358.

accessorie del cristianesimo quanto, invece, la struttura globale della fede o sue parti essenziali. È quel raggio d'azione, estesissimo e, nello stesso tempo, essenziale in un contesto di neo-paganesimo che va sotto il nome di evangelizzazione, la quale si può concretizzare in mille modi, attraverso lettere, incontri, riunioni …. In altri termini in un contesto pagano, senza più fede, bisogna tornare a rievangelizzare come facevano i missionari che, dall'Europa, partivano per le terre di missione in Africa e Asia in mezzo ai popoli pagani che non avevano ancora conosciuto Cristo. La differenza è che, questa volta, la terra che ha bisogno di essere ri-evangelizzata è l'Europa. È lei la nostra terra di missione perché ha smarrito la fede in Cristo.

3- Le relazioni personali: tra i fedeli si dovrebbe costruire una fraternità dei comunicanti che si sentono uniti, grazie alla comune partecipazione all'Eucarestia, anche nella vita privata, sapendo di poter contare e appoggiarsi gli uni sugli altri. Ma ciò non può e non deve condurre la comunità dei credenti ad esprimersi come un ghetto settario. E d'altronde sarebbe sbagliato e fuorviante partire dall'idea soprastante dell'autodelimitazione della Chiesa in ambito sacramentale per farne derivare una chiusura del cristiano rispetto al non credente che, va ricordato, rimane sempre un suo prossimo. Il cristiano deve essere, dove non può essere un fratello cristiano, un uomo tra gli altri, senza continui tentativi di "convertire" il prossimo non credente. Il cristiano deve verso tutti, credenti e non, poter essere un uomo capace di simpatia, apertura e semplicità.

Sinteticamente possiamo concludere con le parole dello stesso Ratzinger che riassumono i risultati dell'articolo:

> La Chiesa è passata da prima attraverso un mutamento di struttura da piccolo gregge a Chiesa universale; dal medioevo si identifica in occidente con il mondo. Quest'identificazione è oggi solo più apparenza, che nasconde la vera essenza della Chiesa e del mondo ed ostacola in parte la Chiesa nella sua necessaria attività missionaria. E così a breve o lunga scadenza, con o contro la volontà della Chiesa, al mutamento interiore di struttura ne seguirà anche uno esterno, al *pusillus grex*. La Chiesa deve tener conto di questo fatto procedendo con più cautela nella prassi sacramentale e distinguendo nell'annuncio tra annuncio missionario ed annuncio ai fedeli; il cristiano dovrà tendere con più forza ad una fraternità dei cristiani, cercando anche di mostrare in modo veramente umano e quindi anche profondamente cristiano il suo senso di legame umano con il prossimo non credente che gli sta attorno[13].

J. Ratzinger parla di un "mutamento strutturale" della Chiesa: dal piccolo gregge degli inizi alla Chiesa universale e alla sua identificazione Chiesa-mondo, potere religioso-potere civile, proprio del medioevo. Afferma, sempre il nostro autore, che questa identificazione, negli anni '50 in cui scrive il testo, ancora è rimasta esteriormente ma è solo apparente perché all'esteriorità cerimoniale e rituale non corrisponde più un'interiorità nell'aderire personalmente alla fede, c'è un mutamento interiore di struttura. Ma anche questa

[13] J. Ratzinger, *Il nuovo popolo di Dio,* p. 358.

apparenza cadrà perché arriverà un tempo in cui ad un mutamento interiore seguirà, come naturale e irreversibile conseguenza, un mutamento esteriore di struttura. Si ritornerà, cioè, al piccolo gregge degli inizi. In questo senso la comunità ecclesiale dovrà iniziare a prepararsi a questo mutamento irreversibile e inarrestabile, senza paure e fughe anacronistiche in un passato "ideale" che non esiste più.

J. Ratzinger si pone, in seguito, un'altra domanda importante e conseguente a questo mutamento di struttura che, a comportato, uno slittamento nella coscienza dei fedeli. Questa domanda riguarda la salvezza dei pagani. Infatti il cristiano oggi non riesce più a pensare che il cristianesimo sia l'unica via di salvezza ed è per questo che viene continuamente messa in discussione l'assolutezza della Chiesa e l'importanza della sua attività missionaria. Ma questo non è solo negativo. Oggi possediamo, infatti, un concetto di umanità nuova e diversa: "non possiamo credere che quest'uomo accanto a noi, quest'uomo stupendo, premuroso e buono, finisca nell'inferno solo perché non è cattolico praticante"[14]. In questo testo J. Ratzinger tenta di mostrare brevemente che esiste una sola via di salvezza, quella attraverso Gesù Cristo ma che, quest'unica via, ha due raggi. Un raggio riguardante il mondo, i molti, e un raggio che tocca la Chiesa, i pochi. È, perciò, parte essenziale di questa via di salvezza il rapporto tra i molti e i pochi. Dio salva nella reciprocità della forma tra i molti e i pochi. Cioè Dio "si serve dei pochi come del punto archimedico per sollevare i molti dai cardini, come della leva con cui attrarli a

---

[14] J. Ratzinger, *Il nuovo popolo di Dio,* p. 358-359.

sé"[15]. Tutti e due hanno il loro posto, seppure diverso, nell'economia della salvezza. Una salvezza che resta, però, unica. Questo principalmente a motivo di un elemento che, nel cristianesimo, come già affermato in precedenza, risulta essere decisivo: il carattere di grazia della salvezza. La salvezza dell'uomo è essere amato da Dio e l'amore è sempre un atto libero, altrimenti non è e non può essere amore. Per cui l'amore non è un diritto da pretendere. E questo molto spesso con il nostro moralismo lo dimentichiamo. La salvezza è sempre dono gratuito d'amore, libera grazia e, di conseguenza, non si può mai pretendere, neanche esibendo qualità morali o capacità particolari come se, invece, la salvezza dipendesse dai nostri meriti o fosse un frutto dei nostri sforzi. Ecco allora il punto fermo a cui approda J. Ratzinger nelle sue riflessioni: "nel confronto tra Cristo, l'Uno, e noi, i molti, noi siamo sempre indegni della salvezza, sia che siamo cristiani o non cristiani, ...; nessuno "merita" realmente la salvezza all'infuori di Cristo"[16]. Ma, e quì subentra un concetto centrale nella riflessione teologica di J. Ratzinger, in uno scambio di rappresentanza avviene l'esatto opposto. Cristo, cioè, prende tutto il nostro peccato e il nostro male su di sé e libera per noi la sua salvezza. Per volontà di Dio questo scambio di rappresentanza originario, che va accettato e riconosciuto con umiltà, continua nella storia con una lunga serie di rappresentanze. Alla Chiesa, cioè, è consegnato il compito di rappresentare i molti, non cristiani, nella continuazione della missione di Gesù Cristo. Ciò significa che la salvezza dei

[15] J. Ratzinger, *Il nuovo popolo di Dio,* p. 360.
[16] J. Ratzinger, *Il nuovo popolo di Dio,* p. 361.

cristiani e dei pagani può avvenire soltanto nel loro rapporto di reciprocità e nella loro comune accoglienza della grande e originaria rappresentanza di Cristo che coinvolge e abbraccia tutti e due. Questo significa che i fedeli cristiani hanno una grande e importante funzione da svolgere nell'economia della salvezza. Se la maggior parte degli uomini, infatti, pur senza appartenere alla Chiesa in senso pieno, si salvano è solo perché esiste la Chiesa come comunità dinamica e missionaria. I molti, i pagani, si salvano grazie ai pochi chiamati alla Chiesa. Ecco allora, in sintesi, le conclusioni a cui approderà J. Ratzinger nel testo:

> In rapporto ai pagani moderni, il cristiano deve sapere che la loro salvezza è nascosta nella grazia di Dio, dalla quale dipende appunto anche la sua salvezza; egli deve sapere che per quanto riguarda la loro possibile salvezza non si può dispensare dalla serietà della sua propria esistenza di fede, che anzi la loro mancanza di fede deve spingerlo ad una sua fede più piena, poiché si sa coinvolto nella funzione di rappresentanza di Gesù Cristo, dalla quale dipende la salvezza del mondo e non solo quella dei cristiani[17].

1.5. Profezia del testo

Rileggendo questo testo a distanza di anni si rimane colpiti dalla lucidità del giovanissimo J. Ratzinger nel cogliere e leggere "i segni dei tempi". Colpisce anche il fatto di come egli fotografi una situazione, cogliendone presagi di futuro, in un tempo in cui la Chiesa

[17] J. Ratzinger, *Il nuovo popolo di Dio,* p. 362.

“sembrava” trionfare e permeare di cristianesimo l’intera società. Saper leggere in profondità e cogliere gli elementi di cedimento di una situazione apparentemente fiorente e florida è la capacità propria dei grandi profeti, sempre con lo sguardo avanti, protesi verso il futuro. Oggi a distanza di anni rileggere questo testo significa confrontarlo con la situazione odierna e saper coglierne la sorprendente attualità, stupiti dalla costatazione di come le riflessioni di J. Ratzinger si siano in buona parte avverate. È interessante gli anni in cui è scritto, circa dieci anni prima del 1968, perché evidenzia una situazione di crisi della struttura Chiesa molto prima della contestazione e del Concilio Vaticano II. Questo è importante perché molti fanno risalire la “crisi” odierna della Chiesa e, in genere, delle istituzioni proprio al Concilio e al ’68 ma l’analisi di Ratzinger ci conduce verso un’altra prospettiva. Già dal dopoguerra erano evidenti i segni della crisi, mascherati da un fasto cerimoniale e ampolloso apparente, che, poi, sarebbero esplosi in quei due avvenimenti epocali che sono per l’appunto il 1968 e il Vaticano II.

Domanda: questo processo di mutamento irreversibile di cui parla Ratzinger è tutto negativo? È meglio una Chiesa piena esteriormente e socialmente rilevante ma interiormente vuota o svuotata di fede, legata all’apparenza, degli anni ’50 o una Chiesa che si riconosce realisticamente per quello che è, un piccolo gregge, ma che fa forza sull’adesione personale e convinta di fede e sull’evangelizzazione? Sicuramente Dio non salva l’apparente ma si manifesta sempre nella realtà per cui crediamo che questo processo, per quanto possa risultare doloroso, è positivo perché ci riconduce alla verità di ciò che siamo. E anche se la verità fa male è quella, però, che ci permette di ripartire e di ricostruire tenendo conto realisticamente dei materiali a nostra disposizione per la costruzione e non fantasticando idealisticamente sull'inesistente. Inoltre il cambiamento va accolto sempre con fede, nella consapevolezza che Dio non abbandona mai la sua Chiesa e che continua a parlare anche attraverso la "crisi" attuale. La quale non è mai un semplice fatalismo casuale ma un "luogo teologico" in cui Dio si esprime. La domanda giusta è, dunque, la seguente: cosa Dio vuole dirci attraverso questa crisi che stiamo vivendo? Forse vuole purificare la sua Chiesa, ridurla all'essenziale per ricondurla al centro e al nucleo più profondo del suo messaggio di salvezza, com'era nella Chiesa, piccolo gregge, degli inizi. Chiesa pienamente evangelica e senza altra sicurezza che la sua fede nella grazia di Dio compiuta in Cristo.

1.6. Rilievi conclusivi

Come affrontare questo passaggio epocale tenendo presente i suggerimenti di J. Ratzinger in questo articolo? Sottolineo delle piste di riflessione che possono aiutarci in questo:

- J. Ratzinger non parla di ateismo ma di paganesimo perché è un mondo non privo di Dio. Si dovrebbe parlare, dal punto di vista filosofico, di una nuova fase in cui il tradizionale a-teismo, come negazione sistematica di Dio, è soppiantato da un pre-teismo, sentimento fluido e onnipresente del divino, distinto dal Dio personale delle tradizioni monoteiste. È una nuova forma religiosa in cui convergono, in modo spesso sincretista, le grandi tradizioni religiose mondiali, specie asiatiche, il risveglio della religiosità atavistica, etnica e vitale e la nostalgia di un cristianesimo prettamente culturale. È una religiosità arcaica rivitalizzata[18]. Il confronto attuale con questo "nuovo" aspetto della critica alla religione è un compito a cui la teologia non può, né deve, sottrarsi, come non si è sottratta, a suo tempo, dal confronto con l'ateismo.

- Tener presente ed educare al primato della fede nella grazia di Dio rivelata in Cristo: contro ogni razionalismo bisogna ritornare a questo principìo primo. Lo stesso Papa Francesco ha più volte ribadito di come l'eresie dei nostri giorni siano proprio quella neopelagiana e neognostica di un cristianesimo senza grazia, tutto razionalista:

36. Lo gnosticismo suppone «una fede rinchiusa nel soggettivismo, dove interessa unicamente una determinata esperienza o una serie di ragionamenti e conoscenze che si ritiene possano confortare e illuminare, ma dove il soggetto in definitiva rimane chiuso nell'immanenza della sua propria ragione o dei suoi sentimenti».

37. Grazie a Dio, lungo la storia della Chiesa è risultato molto chiaro che ciò che misura la perfezione delle persone è il loro grado di carità, non la quantità di dati e conoscenze che possono accumulare. Gli "gnostici"

[18] Cfr. R. Petazzoni, *Lo spirito del paganesimo,* in M. Gandini, *Religione e società,* Ponte Nuovo, Bologna, 1966.

fanno confusione su questo punto e giudicano gli altri sulla base della verifica della loro capacità di comprendere la profondità di determinate dottrine. Concepiscono una mente senza incarnazione, incapace di toccare la carne sofferente di Cristo negli altri, ingessata in un'enciclopedia di astrazioni. Alla fine, disincarnando il mistero, preferiscono «un Dio senza Cristo, un Cristo senza Chiesa, una Chiesa senza popolo».

38. In definitiva, si tratta di una vanitosa superficialità: molto movimento alla superficie della mente, però non si muove né si commuove la profondità del pensiero. Tuttavia, riesce a soggiogare alcuni con un fascino ingannevole, perché l'equilibrio gnostico è formale e presume di essere asettico, e può assumere l'aspetto di una certa armonia o di un ordine che ingloba tutto.

48. Infatti, il potere che gli gnostici attribuivano all'intelligenza, alcuni cominciarono ad attribuirlo alla volontà umana, allo sforzo personale. Così sorsero i pelagiani e i semipelagiani. Non era più l'intelligenza ad occupare il posto del mistero e della grazia, ma la volontà. Si dimenticava che tutto «dipende [non] dalla volontà né dagli sforzi dell'uomo, ma da Dio che ha misericordia» (*Rm* 9,16) e che Egli «ci ha amati per primo» (*1 Gv* 4,19)[19].

- Non dare per scontata la fede nel cuore dei credenti: una pastorale sacramentalista e unicamente rituale non serve e addirittura in un contesto di neo-paganesimo allontana dalla Chiesa. Questo perché è una pastorale che dà per scontato ciò che scontato non è più: la fede in Cristo. Ecco il motivo per cui è importante non svendere, e quindi banalizzare e minimizzare, i Sacramenti ma, invece, avviare dei processi di accompagnamento e di riscoperta della fede cristiana. Cammini che hanno come obiettivo non il Sacramento, anche se possono condurre ad essi, ma quello di vivere una vita cristiana in

[19] Francesco, *Gaudete et Exultate. Esortazione apostolica sulla chiamata alla Santità nel mondo contemporaneo,* LEV, 2018, p. 26-27, 33.

comunione con Dio e i fratelli nella comunità dei credenti, la Chiesa[20].

- In un contesto di neo-paganesimo siamo chiamati, prima che a catechizzare, ad evangelizzare utilizzando tutti gli strumenti a nostra disposizione e, con creatività, inventandone altri, utilizzando mezzi e strumenti nuovi per arrivare con efficacia a più persone possibili. Evangelizzare tutte le fasce d'età, e non solo i bambini, a partire da una reale pastorale missionaria, in "uscita" come ci sta spronando Papa Francesco[21]. È finito il tempo del sacerdote che aspetta i fedeli in Chiesa ma deve, altresì, uscire dalla Chiesa per incontrare tutti e non solo i fedeli, o presunti tali, che frequentano la Chiesa.

- È importante non soffermarsi tanto, per quanto concerne l'annuncio e la dottrina, su singoli elementi particolari e, spesso, marginali ma ritornare a dire e ridire i fondamenti del cristianesimo, ormai non più conosciuti, in una visione sintetica e globale della realtà cristiana. In particolare bisognerà concentrarsi sull'annuncio del *Kerìgma* pasquale.

[20] Cfr. Francesco, *Amoris Laetitia. Esortazione apostolica postsinodale sull'amore nella famiglia,* LEV, 2016. Questa esortazione, in particolare, applica il tema dell'accompagnamento, in particolare, ai fidanzati e alle famiglie, comprese quelle in crisi. Ma l'accompagnamento è uno stile pienamente evangelico da doversi applicare ad ogni situazione pastorale che voglia mettere al centro la persona.

[21] Cfr. Francesco, *Evangelii Gaudium. Esortazione apostolica,* LEV, 2013.

- Acquistare da parte dei pochi un maggior senso di responsabilità: perché la salvezza di tutti passa attraverso l'adesione di pochi alla Chiesa. Siamo un piccolo resto ma abbiamo una missione universale perché siamo chiamati, davanti a Dio, a rappresentare tutti, cristiani e non cristiani, nella consapevolezza che la salvezza non è un privilegio geloso di alcuni ma, al contrario, è un dono gratuito, libero e immeritato da parte di Dio a tutta l'umanità.

Questi sono solo alcuni spunti che questo articolo può suscitare ma crediamo che possano risultare utili al fine di aiutare la Chiesa a percorrere con speranza e audacia quel processo di riforma e rinnovamento iniziato dal Vaticano II e di cui J. Ratzinger, poi Benedetto XVI, e adesso Francesco sono autorevoli interpreti e solidi traghettatori di una Chiesa in uscita, missionaria, evangelizzatrice perché evangelizzata.

Capitolo 2

La Fraternità Cristiana

Nel 1958 Ratzinger venne invitato a parlare a Vienna all'istituto austriaco per la pastorale. Tema dell'incontro: la fraternità cristiana[22]. Dirà il giovane studioso J. Ratzinger, partendo dalla visione extrabiblica, che nella antichità greca il fratello era colui che apparteneva alla stessa nazione, alla stessa *polis*. Gli altri, appartenenti ad altri popoli e nazioni, sono i cosiddetti barbari. Da ciò nasce una distinzione etica fondamentale fra gli obblighi che si hanno verso gli appartenenti allo stesso popolo, rispetto ai barbari, altri e estranei alla propria nazione. Tutto ciò si ripresenta nella visione veterotestamentaria dove l'unità politica viene concepita anche come un'unità religiosa. Vi è una vera e propria teocrazia in cui vige un dualismo etico. il fratello nell'Antico Testamento è solo chi appartiene al Popolo eletto da Dio: il Popolo d'Israele. In questo caso la fratellanza non si basa, quindi, su un'origine carnale ma, bensì, sull'elezione da parte di Dio. questa distinzione, tuttavia, è stata progressivamente superata. Questo perché il Dio d'Israele, tramite il popolo eletto, vuole salvare tutti gli uomini: è Padre di tutti i Popoli. In altri termini all'inizio è stato affermato, nella Sacra Scrittura, il

[22] Cfr. J. Ratzinger, *Die christliche Brüderlichkeit,* Kösel Verlag, München, 1960. In Italia il libro venne pubblicato una prima volta nel 1965 dalle edizioni San Paolo. Pochi mesi prima dell'elezione a pontefice di Ratzinger, nel 2005, il libro fu nuovamente tradotto dall'editrice Queriniana di Brescia con il titolo, *La fraternità cristiana.* Da quest'ultima edizione sono riportate le citazioni.

principio che il Dio di tutti e padre di tutti per la creazione è, in modo speciale, padre d'Israele per l'elezione ma questa distinzione progressivamente è stata superata. Questo progressivo universalismo della salvezza trova compimento e piena attuazione in Gesù Cristo e il popolo costituito dai dodici apostoli.

2.1. Gesù Cristo fratello universale

Cosa accade con l'avvento di Cristo per la precisione? Accade, per pura grazia, uno scambio inaudito. Affermerà Ratzinger che, per Grazia, Gesù Cristo, il solo degno di elezione " ... diventa il riprovato, prende su di sé la sorte della riprovazione di tutti e fa così di tutti, in sé e per mezzo di sé, gli eletti al proprio posto, così come egli, in noi e per mezzo di noi, è diventato il riprovato"[23]. Questo concetto della sostituzione vicaria lo abbiamo già incontrato in precedenza ed è centrale nella riflessione teologica di J. Ratzinger. Concetto mutuato dalla dottrina della grazia di S. Agostino e che lo avvicina molto a uno dei padri della Riforma protestante: Martin Lutero.

Questo scambio, attinente alla salvezza, ridisegna anche inesorabilmente i rapporti fraterni e stabilisce la fraternità su basi nuove. In Cristo, infatti, vengono eletti i fratelli di cui parla la Bibbia, Caino e Abele, Ismaele e Isacco, Esaù e Giacobbe, Israele e gli altri popoli, ma lo scambio non riguarda solo le persone del passato, prima di Cristo, e del futuro. Ma, bensì, riguarda anche i due ladroni in

[23] J. Ratzinger, *La fraternità cristiana*, p. 97.

croce, Giuda e Paolo, la Sinagoga e la Chiesa, la Chiesa e tutti gli altri popoli.

2.2. Chiesa: canale e strumento di Grazia "fraterna"

Anche se nell'Antica Alleanza, afferma Ratzinger, si ha l'impressione che l'elezione del popolo d'Israele comporta l'esclusione totale degli altri popoli in realtà non è affatto così. Questo perché, nell'Antica Alleanza, l'eletto viene scelto anche per il non eletto come si evince, per esempio, dalla storia di Esaù e Giacobbe. La Chiesa, quindi, è portatrice di una elezione vicaria estesa a tutti i popoli e non può, quindi, restare chiusa in sé stessa ma ha, invece, un compito missionario e sacramentale. La Chiesa è canale e strumento di grazia. Essa ha il dono e il compito "di far risplendere simbolicamente il mistero nascosto di Dio, di proclamare pubblicamente nel mondo visibile la partecipazione di Dio al dramma della storia"[24]. La Chiesa, però, non va scambiata semplicemente con la grazia di Dio. Egli è canale di grazia ma non la grazia in sé stessa. Questa, infatti, agisce liberamente, con gli uomini, con le comunità cristiane diverse da quella cattolica, con le diverse religioni, con i non credenti. Alla Chiesa cattolica, però, è riservato il compito di rappresentare oggettivamente questa opera vicaria, sopra delineata, in unione con la croce di Cristo. Da questo punto di vista i cattolici sono chiamati dalla Grazia a testimoniare la fede e l'amore, disponibili ad essere riprovati affinchè anche gli altri possano venire eletti. È con

---

[24] J. Ratzinger, *La fraternità cristiana,* p. 112.

questa argomentazione che J. Ratzinger è riuscito a coniugare in una felice armonia la specificità della Chiesa cattolica con il giusto e doveroso rapporto di fratellanza con gli altri cristiani e, più in generale, con gli altri popoli.

2.3. Padre Nostro

Secondo Ratzinger la fraternità cristiana è fondata sulla fede del nostro essere realmente figli di un unico Padre che è nei cieli. Nella preghiera del Padre Nostro non bisogna soffermarci troppo sul primo termine fino a negare l'importanza l'aggettivo possessivo plurale Nostro che ha ugualmente un grande valore. La preghiera del Padre Nostro non è una preghiera individualistica, di una persona che vede solo Dio e sé stessa ma è, altresì, una preghiera intrinsecamente legata alla comunità dei fratelli, con i quali formiamo l'unico Cristo. Questa sua riflessione costituiva un elemento critico verso tutte quelle istanze marxiste: Ratzinger aiutava i suoi contemporanei a sentirsi realmente fratelli a partire, però, dalla comunione con Cristo e non contando solo sulle proprie forze. Una comunione aperta a tutti a partire dai poveri, i deboli, gli umili e i perseguitati, e non solo ai "forti" e a chi era impegnato in politica.

2.4. Profezia del testo

La forza profetica di Ratzinger è proprio quella di offrirci in poche e semplici parole la chiarezza e verità del nostro essere cristiani e, ancor più cattolici, sapendo che la conoscenza di ciò che ci caratterizza nella nostra identità religiosa e confessionale non è, e non può essere in alcun modo, un ostacolo al dialogo con la modernità ma, semmai, una precondizione essenziale ad un dialogo veramente fecondo in cui ci si accoglie e conosce proprio a partire dalla diversità che diventa sinonimo di integrità, e non integralismo, identità chiara e, nello stesso tempo, apertura al confronto e accoglienza della diversità dell'altro, senza pregiudizi e idealizzazioni ma riconoscendo serenamente i doni che l'altro ha come una ricchezza per me e anche, però, i limiti che ogni impostazione umana necessariamente porta con sé.

A partire da questo articolo quali sono gli elementi specifici del cristianesimo che per Ratzinger sono essenziali al fine di determinare l'essenza della fraternità cristiana? Molti hanno parlato e teorizzato, anche oggi, di fraternità o di altre parole affini anche se non simili: comunità, collettività, socialità, popolo ... Ma è la stessa cosa parlare di fraternità in ambito cristiano rispetto, per esempio, ad un ambito politico e laicale? Anche il comunismo ha parlato e parla di popolo e collettività: ma è la stessa cosa? Certamente è bello vedere come ogni popolo, a prescindere dalla nazione di appartenenza, dalle ideologie di riferimento e dal credo religioso, viva un anelito e un profondo desiderio a formare un "Noi", di riunirsi in gruppi, associazioni e movimenti. Questo perché l'uomo per costituzione è un essere sociale che ha bisogno, per realizzarsi come persona ed essere felice, di mettersi insieme con altri, di "fare squadra", di inserirsi in una collettività. Il cristianesimo, in quanto inveramento e elevazione di tutto ciò che è umano, non poteva non tener conto di questa realtà fondamentale che accomuna tutti gli uomini. Il cristianesimo fornisce, poi, una spiegazione a questo anelito e bisogno di fraternità: l'uomo è creato a immagine e somiglianza di Dio e il Dio cristiano è un Dio trinitario, Padre, Figlio e Spirito Santo. Persone in relazione tra loro e unite da legami di comunione per cui la comunione è il dna di Dio, Dio è amore e comunione nella sua essenza. Da questo ne discende che se l'uomo è stato fatto a immagine e somiglianza di un Dio comunione di persone ciò significa che la comunione fa parte anche dell'essenza dell'uomo e questo si realizza solo nella misura in cui entra in relazione e fa "gruppo" con gli altri.

2.5. Comunità e/o Fraternità

Torniamo alla domanda di partenza. Dopo aver constatato il fatto di una comune volontà degli esseri umani di riunirsi a prescindere dalla propria fede di appartenenza è opportuno, ora, capire dove sta lo specifico della proposta cristiana rispetto ad altre forme di collettività, significative ma diverse e non assimilabili alla nostra fede. Prima di tutto è utile fermarsi sulla denominazione usata da Ratzinger. Egli, infatti, ha parlato di fraternità cristiana e non di comunità cristiana e credo che non sia un caso. Che differenza c'è tra fraternità e comunità?

Diamo un'occhiata alla etimologia della parola comunità: dal lat. communĭtas-atis «comunanza», der. Di communis comune, carattere, stato giuridico di ciò che è comune; comunanza: comunanza di beni, comunanza d'interessi. L'espressione comunità può essere ricondotta a communitas e quindi a koinonia. Nel termine koinonia denotazione e connotazione convergono nel significare una unione, koinè, ove il singolo non ha un'esistenza indipendente dal tutto che la comunità rappresenta, il suo destino è definito all'interno dello spazio di possibilità offerto dalla comunità di appartenenza. Quindi il termine pone l'accento sull'unità dei membri basata su un "qualcosa" che accomuna, che li rende uguali e crea uguaglianza. In questo senso il singolo ha un valore relativo alla propria comunità d'appartenenza e trova in essa il senso del suo vivere. Ma la parola *communitas*, può avere anche un significato diverso rispetto a *koinonia* se si tematizza il connotato di *munus* nel suo collegamento a *cum*. Se, infatti, è il *munus* a unire, il significato della comunità non sarà tanto nell'appartenenza identitaria, quanto nella reciprocità dell'obbligo di donarsi; la relazione comunitaria sarà basata su un 'dare-darsi'. Lo stesso *cum* viene ripensato non più come preposizione congiuntiva, semanticamente legata a *koinon*, quanto come una traccia dell'essere simultaneo 'fuori' delle singole ek-sistenze. Questa seconda definizione è importante perché definisce con chiarezza l'ambito cristiano in cui ha senso parlare di comunità: quando vi è donazione reciproca c'è comunità. Non va infine dimenticato che il termine tedesco *Gemeinschaft* si allontana dalla radice greca o latina: in *Ge-mein-schaft* è proprio il 'mio' a fare da radice tra il prefisso *ge-* ,che qui ha valore collettivo, e il suffisso *–schaft*, che assolve funzione astrattiva e indica l'appartenenza alla stessa categoria o alla totalità. Nonostante la polisemia del significato di comunità, capace di includere anche un valore positivo dal punto di vista cristiano, penso che in questo testo Ratzinger non ha parlato volutamente di comunità per distinguere più marcatamente la proposta cristiana da quella delle ideologie di stampo marxista che, in quegli anni, facevano largo uso di un termine quale comunità. Termine letto in chiave egualitaria: un'uguaglianza di tutti i suoi membri basata sull'appartenenza Da dove deriva, invece, la parola fraternità? Fraternità deriva dal lat. fraternĭtas-atis, Affetto, accordo fraterno, soprattutto tra persone che non sono fratelli: fraternità spirituale; fraternità di sentimenti. Quindi la fraternità è un sentimento di affetto e di amore che si instaura tra persone che non sono fratelli e si esprime attraverso atti benevoli, attraverso forme di aiuto e con azioni generose intraprese specialmente nei momenti di maggiore bisogno, in modo disinteressato. Il sentimento della fraternità è stato ed è presente in tutte le culture, connotandosi come valore sia religioso che laico. Il rapporto di cooperazione insito nel concetto di fraternità si ritrova nel Medioevo con la fraternità. di armi, sancita tramite un giuramento di fedeltà e di aiuto fra cavalieri. Con valore più generale il concetto di fraternità caratterizzò la Rivoluzione francese del 1789, insieme con quelli di libertà e di uguaglianza, quale valore etico su cui fondare la nuova società. L'idea di fraternità accompagnò lo sviluppo del marxismo, soprattutto in riferimento alle relazioni all'interno di una medesima classe sociale, specialmente nel proletariato. Dal punto di vista etnologico la fraternità si ritrova, per es., nella fraternità. di sangue, praticata in varie zone dell'Africa equatoriale, che implica la creazione di parentele fittizie fra tribù, clan, gruppi: in tal modo una parentela inesistente viene trasformata in un rapporto di cooperazione. Alla base della fraternità cui fanno riferimento i credenti di varie religioni c'è il rapporto di amore che accomuna i fedeli come figli di Dio e, dunque, fratelli fra loro. Questa concezione della comune appartenenza ha dato luogo a forme specifiche di associazione, quali le confraternite religiose. In altri termini la fraternità costituisce uno dei legami che caratterizzano il rapporto fra coloro che fanno parte di una Chiesa o di una comunità di credenti: la fraternità spirituale. Una cosa mi sembra chiara: mentre con il termine comunità l'accento è posto sulla totalità, sul far parte di "qualcosa" insieme ad altri, un far parte di una stessa cosa che crea una comunanza sociale o ideale capace di favorire una certa uguaglianza e unità di fondo così che tutti i membri di una collettività si possono sentire realmente una "sola cosa". Nella comunità non sono tanto importanti le specifiche differenze e diversità di ogni persona. Anzi, a volte, in questo caso la diversità personale è percepita come una minaccia e, nei casi più gravi, sottaciuta per paura di perdere il consenso all'interno del gruppo e, di conseguenza, esserne estromesso come un corpo estraneo, non più riconosciuto e riconoscibile dal resto della comunità. La fraternità, invece, pone l'accento sulla relazione personale che lega i soggetti all'interno del gruppo. Quello che conta, in questo caso, non è l'uguaglianza ottenuta tramite il credere tutti allo stesso ideale o nell'avere gli stessi interessi o, ancora, nel mettere tutto in comune. Nella fraternità non ci unisce "qualcosa" di esterno a noi ma si crea un legame con "qualcuno" e questo legame parte dall'interno, è un legame di sangue, intimo, come tra fratelli. Ancora: mentre nella comunità l'accento è posto sul gruppo, spesso a detrimento del soggetto, nella fraternità siamo ricondotti al personalismo cristiano dove ciò che conta è la persona capace di relazione con un'altra persona che riconosce intima come è intimo un fratello, senza però misconoscerne la sua unicità e irripetibilità. In questo caso la nostra comunanza si basa non sul condividere le stesse idee o su "qualcosa" da mettere in comune, ma sul fatto che abbiamo lo stesso Padre: è la paternità che crea unità tra dei figli che sono e rimangono diversi. Ma il fatto che siamo diversi non intacca minimamente il fatto che continuiamo ad essere fratelli come, del resto, Dio continua ad essere nostro Padre. In altri termini la fraternità cristiana non si basa sull'appartenenza a un gruppo che condivide le stesse cose ma si basa sull'avere tutti lo stesso Padre che è nei cieli. Questo crea un legame interiore molto forte, di sangue, che nessuna diversità potrà mai intaccare: continuiamo ad essere fratelli anche se non la pensiamo allo stesso modo o litighiamo. In questo caso si può dire che la diversità non crea frattura ma arricchisce e alimenta la relazione.

2.6. Rilievi teologici conclusivi

Andando ancora più in profondità la nostra figliolanza divina e fraternità universale è stata sancita definitivamente in Gesù Cristo.

Noi, in lui, siamo diventati, attraverso il suo sacrificio della croce, figli nel Figlio e, quindi, fratelli fra di noi ma di una fraternità sancita e stipulata dal sangue di Cristo. È dal sacrificio di Cristo, sublime atto redentivo d'amore, che è nata la Chiesa, suo Corpo, di cui noi siamo sue membra. Il cristiano non è individualista e privo di un contesto di riferimento come si potrebbe pensare dal richiamo alla fraternità come luogo personale di relazione. Il cristiano ha la Chiesa come comunità-fraternità. Ma la Chiesa intesa, in senso paolino e ratzingeriano, come Corpo di Cristo conserva, nello stesso tempo, l'unità e l'integrità di uno stesso corpo e la diversità di ciascun membro in cui la testa, ovvero la regia del corpo, colei che crea armonia e dà unità, è solo Gesù Cristo. Ma la Chiesa, proprio come il suo sposo Cristo, è portatrice di una fraternità universale "vicaria" estesa a tutti i popoli. La fraternità cristiana si estende, in Cristo, a tutti gli uomini, di tutti i tempi e di tutti i luoghi: è una fraternità "cattolica". La Chiesa cattolica è chiamata, in questo senso, ha rappresentare oggettivamente e in via sacramentale, nella testimonianza di fede e di amore, l'opera redentiva e vicaria di Cristo verso tutti i popoli della terra, vicini e lontani, passati e futuri. La Chiesa è chiamata, in altri termini, ha rappresentare questa fraternità universale nella consapevolezza che è strumento e non padrona della Grazia di Dio. Solo in questo contesto la preghiera del Padre Nostro assume tutto il suo pieno significativo e valore di preghiera comunitaria.

In sintesi su cosa si basa la fraternità cristiana?

SU

- **Un unico Dio Padre**: Ciò fonda la **Relazione personale tra figli dello stesso Padre senza annullare le differenze**;
- Siamo **figli nel Figlio**: Siamo **Fratelli in Cristo** mediante il suo **Sangue sparso sulla Croce per noi**;
- Siamo membra del **Corpo di Cristo che è la Chiesa** tramite il **sacrificio di Gesù Cristo e l'effusione del suo Spirito.**

Solo i cristiani possono essere fratelli fra loro?

- C'è un vincolo "speciale" che lega i cristiani ma tramite la **sostituzione vicaria di Cristo** la fraternità si estende a tutti gli uomini senza distinzione e **la Chiesa è segno di questa fraternità universale e vicaria.**

2.7. E Papa Francesco?

A conclusione di questo paragrafo è interessante notare come l'attuale pontefice riesce a cogliere questo tema, unendo in felice armonia, attraverso una sintesi di grande lucidità, la fraternità e la comunità. E lo fa attraverso un principio che se non capito bene potrebbe indurre a pensare che il soggetto viene fagocitato da una totalità comunionale intesa in senso ideologico. Sto parlando del principio bergogliano *il tutto è superiore alla parte*. No ! non si tratta di una forma di ideologia neocumunista. Il tutto è superiore alla parte vuol dire ben altro. Infatti con questo principio ci troviamo all'interno, seppur dal versante laico, della paolina concezione di Chiesa intesa come Corpo di Cristo. Concezione perfettamente in linea con la visione sacramentale, eucaristico-ecclesiologica di J. Ratzinger. Questo principio, poi, viene spiegato ancora meglio da Papa Francesco quando ricorre all'immagine del poliedro. Il poliedro che è l'unione delle parzialità è un unità che, però, mantiene l'originalità e l'unicità di tutte le parti. Il poliedro rappresenta l'unità nella differenza e il "tutto" del poliedro, pur mantenendo una supremazia sulle parti, non annulla le differenze e non elimina le polarità tra le varie parti in gioco. L'unità del poliedro è, per esempio, l'unione dei popoli che mantengono la loro peculiarità come popolo, oppure è il caso di un cittadino che, pur conservando la sua idea personale è però, nello stesso tempo, inserito come parte attiva in una collettività. Al "tutto" del poliedro si contrappone il "tutto" della sfera che non rispetta le legittime differenze e non è superiore alle parti, come superficialmente potrebbe sembrare, ma annulla le diversità. Qui non c'è unità ma uniformità, cioè si pretende, e spesso si impone, che tutti devono pensare e agire allo stesso modo. Il regime totalitario, nero, rosso e anche teocratico-fondamentalista, è un esempio di uniformità sferica.

> 234. Anche tra la globalizzazione e la localizzazione si produce una tensione. Bisogna prestare attenzione alla dimensione globale per non cadere in una meschinità quotidiana. Al tempo stesso, non è opportuno perdere di vista ciò che è locale, che ci fa camminare con i piedi per terra. Le due cose unite impediscono di cadere in uno di questi due estremi: l'uno, che i cittadini vivano in un universalismo astratto e globalizzante, passeggeri mimetizzati del vagone di coda, che ammirano i fuochi artificiali del mondo, che è di altri, con la bocca aperta e applausi programmati; l'altro, che diventino un museo folkloristico di eremiti

localisti, condannati a ripetere sempre le stesse cose, incapaci di lasciarsi interpellare da ciò che è diverso e di apprezzare la bellezza che Dio diffonde fuori dai loro confini.

235. Il tutto è più della parte, ed è anche più della loro semplice somma. Dunque, non si dev'essere troppo ossessionati da questioni limitate e particolari. Bisogna sempre allargare lo sguardo per riconoscere un bene più grande che porterà benefici a tutti noi. Però occorre farlo senza evadere, senza sradicamenti. È necessario affondare le radici nella terra fertile e nella storia del proprio luogo, che è un dono di Dio. Si lavora nel piccolo, con ciò che è vicino, però con una prospettiva più ampia. Allo stesso modo, una persona che conserva la sua personale peculiarità e non nasconde la sua identità, quando si integra cordialmente in una comunità, non si annulla ma riceve sempre nuovi stimoli per il proprio sviluppo. Non è né la sfera globale che annulla, né la parzialità isolata che rende sterili.

236. Il modello non è la sfera, che non è superiore alle parti, dove ogni punto è equidistante dal centro e non vi sono differenze tra un punto e l'altro. Il modello è il poliedro, che riflette la confluenza di tutte le parzialità che in esso mantengono la loro originalità. Sia l'azione pastorale sia l'azione politica cercano di raccogliere in tale poliedro il meglio di ciascuno. Lì sono inseriti i poveri, con la loro cultura, i loro progetti e le loro proprie potenzialità. Persino le persone che possono essere criticate per i loro errori, hanno qualcosa da apportare che non deve andare perduto. È l'unione dei popoli, che, nell'ordine universale, conservano la loro peculiarità; è la totalità delle persone in una società che cerca un bene comune che veramente incorpora tutti.

237. A noi cristiani questo principio parla anche della totalità o integrità del Vangelo che la Chiesa ci trasmette e ci invia a predicare. La sua ricchezza piena incorpora gli accademici e gli operai, gli imprenditori e gli artisti, tutti. La "mistica popolare" accoglie a suo modo il Vangelo intero e lo incarna in espressioni di preghiera, di fraternità, di giustizia, di lotta e di festa. La Buona Notizia è la gioia di un Padre che non vuole che si perda nessuno dei suoi piccoli. Così sboccia la gioia nel Buon Pastore che incontra la pecora perduta e la riporta nel suo ovile. Il Vangelo è lievito che fermenta tutta la massa e città che brilla sull'alto del monte illuminando tutti i popoli. Il Vangelo possiede un criterio di totalità che gli è intrinseco: non cessa di essere Buona Notizia finché non è annunciato a tutti, finché non feconda e risana tutte le dimensioni dell'uomo, e finché non unisce tutti gli uomini nella mensa del Regno. Il tutto è superiore alla parte[25].

[25] Francesco, *Evangelii Gaudium,* p. 236-239.

Capitolo 3

Il dio dei filosofi e il Dio di Gesù Cristo

Il 24 giugno 1959 si svolgerà, per il giovane professore di teologia fondamentale Joseph Ratzinger, la lezione magisteriale, quella che darà ufficialmente avvio alla sua carriera accademica. Ratzinger sceglierà come argomento per la sua prolusione il tema seguente: "il dio dei filosofi e il Dio di Gesù Cristo"[26]. Un tema al centro, da sempre, delle sue riflessioni, fin dagli inizi. In questa prolusione il giovane studioso J. Ratzinger aveva saputo dare il meglio di sé dimostrando una grande chiarezza e semplicità dei contenuti esposti unita ad una non comune dote di saper andare al cuore dei problemi. Docenti e studenti che erano venuti ad assistere alla sua lezione ebbero come l'impressione di trovarsi di fronte un teologo originale che avrebbe lasciato un'impronta importante e significativa nel terreno fertile della cultura teologica e, più in generale, nella vita della Chiesa. Con questa lezione la fama di Ratzinger crebbe talmente tanto da estendersi a tutta la Chiesa tedesca, tanto è vero che lo invitarono a pubblicare la sua lezione. Lezione che verrà pubblicata e messa a disposizione dei lettori nel 1960. Il contenuto di questo testo riveste un'importanza particolare nella produzione teologica di

[26] *Der Gott des Glaubens und der Gott der Philosophen* verrà pubblicato per la prima volta in Germania dall' editrice Schnell und Steiner, München-Zürich nel 1960. Nel 2004 il professor Heino Sonnemans prese l'iniziativa di ripubblicare il testo e il Card. Ratzinger scrisse una nuova prefazione. Quest'ultima opera, tuttavia, verrà pubblicata solo dalla Paulinus di Treveri solo nel 2006, dopo che Ratzinger è stato eletto pontefice. Questa nuova edizione è alla base della traduzione italiana, dal titolo *Il Dio della fede e il Dio dei filosofi,* pubblicata dall'editrice Marcianum Press di Venezia nel 2007.

Ratzinger. Questo perché questo testo è a fondamento di tutte le riflessioni filosofico-teologiche che Ratzinger sarà chiamato a svolgere negli anni a venire. Egli, infatti, ritornerà su questo argomento a intervalli regolari e costanti in tutta la sua produzione teologica e nei suoi pronunciamenti magisteriali. Si sentirà chiamato in tutta la sua vita, infatti, a difendere la fede nei suoi aspetti mistici, soprannaturali e personali, garantiti dalla Divina Rivelazione, e, nello stesso tempo, a difendere, con uguale forza, la razionalità dell'uomo, capace, quest'ultima, a tradurre l'evento della fede nella riflessione umana. Il compito di J. Ratzinger è stato quello di un'ininterrotta capacità di mediazione tra fede e ragione. Una mediazione culturale che costituisce la più grande garanzia della salvaguardia della gratuità della Rivelazione di Dio e, nello stesso tempo, dell'affidabilità del fondamento su cui si basa la pretesa di verità di ogni enunciato umano. Proprio questa mediazione tra ragione e fede è costata a J. Ratzinger, nel corso degli anni, la perdita progressiva dell'approvazione e del sostegno della maggioranza dei relativisti credenti e non credenti. Questo perché i relativisti credenti si accontentano di ripetere degli insegnamenti, senza pretese, destinati a pochi adepti, mentre i relativisti non credenti vogliono rinchiudere il pensiero della fede nel recinto della religione.

3.1. “Fuoco. Dio d’Abramo, Dio d’Isacco, Dio di Giacobbe, non dei filosofi e degli scienziati”

Secondo Ratzinger la tematica il Dio della fede e il dio dei filosofi venne alla ribalta nel 1654, anno in cui Blaise Pascal aveva scritto in un foglietto, ritrovato dopo la sua morte, la frase seguente: “Fuoco. Dio d’Abramo, Dio d’Isacco, Dio di Giacobbe, non dei filosofi e degli scienziati”. Pascal, lo studioso francese, matematico e fisico, aveva sperimentato, nella sua conversione, il Dio della Bibbia, il Dio Vivente e Personale. Sicuramente molto diverso dallo spirito geometrico di Cartesio di cui Pascal era a conoscenza. Questa lezione verrà raccolta solo successivamente: quando si assisterà alla totale dissoluzione della metafisica avviata da Immanuel Kant, in cui l’elemento religioso verrà confinato nell’ambito extrarazionale ed extrametafisico. Ciò portò ad estremizzare il pensiero di Pascal: la religione è un fatto vissuto, il Dio della religione è Vivo e Personale, la filosofia è teoria, il dio dei filosofi è vuoto e inerte.

3.2. Due proposte di sintesi tra fede e ragione

A questo punto Ratzinger, prima di proporre una propria sintesi, sintetizza due possibili proposte, una cattolica e una protestante, al fine di esemplificare due possibili vie di risoluzione del rapporto tra fede e ragione:

- **Tommaso d’Aquino**: per la tradizione cattolica Ratzinger prende come esempio S. Tommaso d’Aquino che, al centro del medioevo, fa una grande opera di sintesi tra il pensiero greco e la tradizione cristiana. Per S. Tommaso la religione naturale e la visione degli dei propria dei filosofi hanno lo stesso contenuto e, da questo punto di vista, la filosofia è la più alta espressione dello spirito umano. Ma la religione cristiana non è in opposizione alla filosofia. La distinzione che c'è è pensata sulla visione cristiana della Grazia di Dio che innalza e perfeziona la natura, senza, però, distruggerla. Ciò permette a Tommaso di affermare che il Dio di Aristotele e il Dio cristiano è lo stesso: Aristotele ha riconosciuto il vero Dio che i cristiani, nella fede, possono comprendere in maniera più profonda. In sintesi S. Tommaso introduce una distinzione importante tra pensiero della religione e Dio della fede. Questo gli permette di salvare lo specifico del cristianesimo.

- **Brunner**: Per il pensiero protestante Ratzinger sceglie il teologo svizzero, esponente della teologia dialettica, Emill Brunner (1889-1966). Egli, proprio come Karl Barth, fu un convinto sostenitore della totale alterità di Dio, in opposizione sia al pensiero liberale dei riformati che alla dottrina dell'*analogia entis* dei cattolici. Questo perché, entrambi le posizioni, finivano per oscurare la specificità del Dio cristiano. Vi è, dice Brunner, un dato di fatto della Rivelazione: il nome di Dio nella Bibbia. Questo nome sottolinea l'alterità e l'unicità. Il pensiero filosofico, invece, è astratto e universale. Quindi tra fede e ragione vi è opposizione e contrasto. Inoltre la Rivelazione del nome di Dio è funzionale alla preghiera, manifesta la possibilità della sua invocabilità. Da ciò la differenza: nella filosofia è l'uomo che cerca Dio e ne delinea il concetto, nella fede è Dio che si rivela all'uomo e gli offre comunione e amore. Non gli offre un pensiero o una verità. Brunner deduce questo anche da quello che considera l'errore nella traduzione del nome di Dio da parte dei cosiddetti "Settanta". I Settanta, infatti, dove Dio si autodefiniva "Io sono colui che sono", ponendo l'accento sulla natura misteriosa e unica della sua Persona, hanno tradotto "Io sono colui che è". In tal caso i Settanta hanno eliminato il mistero del Dio unico, assimilandolo agli altri dei. Ratzinger, pur non condividendo in *toto* la tesi radicale di Brunner, ritiene che essa possa aiutare a liberare il campo per formulare il rapporto tra ragione e fede in modo nuovo.

3.3. La sfida di un Dio personale

In seguito Ratzinger espone la sua sintesi, andando al di là di S. Tommaso, di Brunner e, più ancora, della stessa tradizione cristiana. Tutto ciò allo scopo di definire il concetto filosofico di Dio e della religione precristiana. Per prima cosa Ratzinger chiarisce il fatto che non è possibile definire il concetto filosofico di Dio senza richiamarsi al contesto religioso, questo perché anche nel mondo precristiano il concetto di Dio della filosofia greca si trova in rapporto con la religione. Questo è evidente nella distinzione stoica di Varrone di una triplice visione di Dio:

- **La Teologia mitica**: è quella dei poeti che parlano degli dei e delle loro passioni;
- **La Teologia politica e civile:** è quella del popolo, funzionale alla *polìs* e al rispetto delle sue leggi e istituzioni;
- **La Teologia naturale:** è quella dei filosofi e degli studiosi delle scienze naturali. L'oggetto di studio di questa teologia è il cosmo immerso nel mondo fisico, attraverso il quale si presenta all'uomo la divinità. È il cosmo che fa interrogare gli uomini sulla metafisica teologica, cioè sulla natura degli dei.

A questo punto Ratzinger afferma che, di nuovo, ci troviamo davanti a una duplice distinzione:

- **Dio dei filosofi:** la filosofia scopre la verità del reale e così tende a definire la verità dell'essere del divino. La filosofia si interessa della verità astratta del cosmo e di Dio;
- **Dio della fede:** la fede si interessa a uno o più persone viventi da incontrare, venerare e pregare. La religione, a questo punto, diventa indipendente dalla verità. Questa è la via del politeismo il quale, nelle sue molte forme, antiche e moderne, riconosce l'unità dell'assoluto. Ma siccome l'assoluto in sé non è Persona e non può essere invocato, il politeismo si deve, per forza di cose, rivolgere agli dei, a delle immagini riflesse dell'assoluto. Solo il monoteismo riesce ad interpellare l'Assoluto in sé come Dio. Infatti Dio nel monoteismo è, insieme, l'Assoluto in sé e il Dio dell'uomo.

Questa capacità del monoteismo di interpellare l'Assoluto in sé come Dio è possibile perché l'uomo credente sa di essere stato interpellato per primo da un Dio personale: Dio di Abramo, Isacco e Giacobbe. È solo grazie alla libera iniziativa di Dio se il Dio muto e ineffabile della filosofia è diventato quel Dio che in Gesù Cristo parla all'uomo. Questo passaggio diventa visibile, nella teologia biblica, già nello sviluppo progressivo del concetto di creazione: tra il Dio della religione naturale, il Dio dei filosofi e il Dio della creazione, infatti, si poteva stabilire una reale vicinanza. L'idea della creazione, fin dagli inizi, si prestava a spiegare la particolarità ma anche, nello stesso tempo, l'universalità della fede biblica in Dio.

In seguito i Padri della Chiesa operarono una felice sintesi tra la fede biblica e lo spirito filosofico, in quel tempo rappresentato dall'ellenismo. Questa sintesi rappresentava un'esigenza necessaria presente nel concetto pre-religioso e filosofico di Dio ma anche nella stessa Rivelazione di Dio. Il terreno d'incontro tra la visione filosofica di Dio e la visione religiosa è il terreno della verità. da questo punto di vista la conciliazione tra il pensiero della fede e quello dei filosofi deve sempre rinnovarsi perché la ricerca della verità non finisce mai. Sia la filosofia che la teologia, secondo i loro ambiti, non devono mai stancarsi dal continuare a ricercare la verità. Pur perseguendo ciascuna i propri obiettivi esse si devono poter incontrare nella consapevolezza che ciascuna non potrà mai sostenere di aver raggiunto definitivamente la verità:

- **La filosofia:** tende a comprendere il reale, il mondo nel quale l'uomo razionale è chiamato a vivere;
- **La teologia:** è alla ricerca, sempre nuova, del volto di Dio fino alla sua venuta escatologica. Solo nell'escatologia il Dio astratto e assoluto dei filosofi si rivelerà in pienezza come il Dio personale che si è rivelato, è venuto incontro all'uomo e lo ha riportato al suo destino soprannaturale.

3.4. Profezia del testo: la lezione di Ratisbona

Per comprendere quanto il tema fede-ragione sia stato da sempre al centro dell'interesse e dell'insegnamento di J. Ratzinger bisogna leggere questo suo primo intervento all'università in controluce ad un altro grande discorso tenuto molti anni dopo sempre all'università. Questo per aiutarci a capire come questa tematica stia al cuore della teologia e del ministero di J. Ratzinger-Benedetto XVI e non come una semplice disquisizione da intellettuali ma come un vero e proprio "luogo profetico" di grande verità e attualità. Infatti connessa alla perdita del legame tra fede e ragione vi è il problema della perdita d'identità dell'occidente. Ma andiamo per ordine.

Dal 9 al 14 settembre 2006 Papa Benedetto XVI ha realizzato un viaggio apostolico a Monaco di Baviera, ad Altötting e a Regensburg, Ratisbona, in Germania, «la sua terra», dove ha visitato anche, la "sua" università. Con il discorso tenuto nell'aula magna dell'università di Ratisbona, Papa Benedetto ha donato al mondo un documento del quale si può parlare come di un'«altra enciclica», perché quello che ha detto e che riveste oggettivamente un insegnamento di grande valore[27].

Il tema centrale è tutto racchiuso in una frase che Papa Benedetto XVI raccoglie dalla penna di un imperatore bizantino medioevale, Manuele II Paleologo (1350 ca.-1425): « ... non agire secondo ragione,*"sýn lógô"*, è contrario alla natura di Dio». L'obiettivo primario di Papa Benedetto XVI non era quello di mettere in guardia l'Occidente contro i pericoli del *jihad* islamico, ma di fargli prendere coscienza di un rischio ancora più grave, che viene dal suo stesso interno: quello di smarrire la stretta relazione che la ragione intrattiene con la sua storia e in particolare con la sua storia religiosa, che è storia cristiana. Oggi nel mondo cosiddetto laico, meglio sarebbe dire laicista, la ragione, quando è applicata ai grandi problemi dell'uomo, quando s'interroga sul senso della vita e dell'essere stesso, cioè quando diventa «metafisica», è vista con sospetto e decisa ostilità. La ragione trova ormai il suo ambito proprio e riconosciuto solo nel campo del «fattibile», cioè nel dominio della tecnica. L'ambito del senso della vita e dell'essere e quello della morale è relegato nella sfera privata delle scelte soggettive dove un autentico confronto razionale che voglia pervenire a verità da tutti riconoscibili non ha più senso. Questa mentalità è penetrata però anche nella sfera religiosa, dove la ragione è percepita come un ostacolo alla fede: la fede da sola, senza bisogno d'interrogarsi e di verificarsi con l'aiuto della ragione metafisica, è più

---

[27] Cfr. Benedetto XVI, *Fede, ragione e Università. Ricordi e riflessioni,* Incontro con i rappresentanti della scienza, Aula Magna dell'università di Regensburg, 12 settembre 2006, in G. Cottini, *L'avvenimento della conoscenza. Un itinerario tra i discorsi di Benedetto XVI al mondo della cultura, dell'Università, della scienza,* Edizioni Ares, Milano, 2011.

che sufficiente per fondare la vita del singolo credente e della comunità in cui vive. La ragione in Occidente sembra ridursi solo all'arte di costruire automobili sempre più potenti e computer sempre più efficienti e non teme di avventurarsi, senza nessuna remora etica, nel campo del controllo e della manipolazione della vita umana. Un'abilità crescente nel costruire mezzi va di pari passo alla rinuncia pregiudiziale a indagare sui fini, cioè sul «perché» e quindi sul «come» usare tali mezzi. A questa rinuncia spesso dà man forte il teologo che si compiace di sottolineare a ogni piè sospinto quanto la fede si contrapponga al pensiero metafisico e ontologico, e viceversa. Il pensiero occidentale, ammirato per le sue prestazioni tecniche, spaventa i popoli dell'Asia e dell'Africa, aveva detto il Papa a Monaco qualche giorno prima, perché esclude totalmente Dio dalla visione dell'uomo e non è certamente convincente al fine di ricondurre l'islam a un rinnovato matrimonio con la ragione.

Il Papa traccia magistralmente le grandi linee del processo che ha condotto l'Occidente ad allontanarsi dalla ragione metafisica. Esso si produce attraverso un movimento di de ellenizzazione del cristianesimo che il Pontefice scandisce in tre tappe:

- La prima è costituita dal **pensiero della Riforma protestante**, che vede nel metodo scolastico della tradizione medioevale una sovrapposizione della filosofia alla purezza della parola di Dio, una determinazione della fede dall'esterno estranea alla fede stessa e che le impedisce di essere autenticamente sé stessa. Il filosofo illuminista tedesco Immanuel Kant (1724-1804) asseconda questo indirizzo e lo estremizza con una critica radicale alla metafisica mediante la quale si ripropone di accantonare il pensare per far spazio alla fede.

- La seconda ondata è costituita dalla **teologia liberale** dei secoli XIX e XX, il cui rappresentante tipico è lo storico e teologo protestante tedesco Adolf von Harnack (1851-1930), che, accostandosi a Gesù Cristo con una ragione ormai divenuta refrattaria all'invisibile e al trascendente, lo riconsegna spogliato della divinità e lo riduce a maestro di morale.
- La terza, quella che stiamo vivendo oggi, insiste nel vedere la sintesi tra cristianesimo ed ellenismo verificatasi nella Chiesa antica come una prima inculturazione che non dovrebbe, però, vincolare le altre culture. Con questa lettura il rapporto della fede con la ragione avvenuto attraverso l'incontro con la filosofia greca diventa un evento casuale, un approccio culturale che si allinea con altri senza che sia possibile nessun giudizio di valore su di essi.

Ma non è così perché non agire secondo ragione, "*sýn lógô*", è contrario alla natura di Dio e, quindi, è anche contrario al cristianesimo, la religione del *Logos* fatto carne. La Bibbia stessa, se letta in profondità, parla di un intimo rapporto fra fede e ragione. Giovanni apre il suo Vangelo riprendendo e modificando le prime parole della Genesi:«In principio era il *Logos*» (*Gv*. 1, 1). Questo *Logos*, «parola», «ragione», «significato», «senso» è luce, «la luce vera, quella che illumina ogni uomo» (*Gv*. 1, 9). Il nome che Dio rivela a Mosè come il suo nome proprio (cfr. Es. 3, 14) non è un nome «locale», cioè legato a una determinata cultura o regione, ma fa riferimento a qualche cosa di universale, che trascende e comprende tutti i luoghi, include tutti gli attributi di perfezione ed è quindi in grado di raggiungere tutte le culture*:*«Io-Sono» *(*Es. *3, 14).* E a partire da questa parola che si sviluppa tutta la metafisica cristiana dell'essere. Dio è misterioso e trascende la ragione dell'uomo, ma il mistero di Dio non nasce da una sua estraneità alla ragione, ma è piuttosto è la conseguenza del suo essere troppo luminoso per i deboli occhi della creatura. Un Dio creatore può essere solo la sorgente di ogni razionalità e quindi Ragione in senso pieno e sorgivo. Per un cristiano si tratta di un indiscutibile dato rivelato: «In principio era il *Logos*, cioè si potrebbe anche dire «la Ragione, e il *Logos* era Dio» (*Gv.* 1, 1), che però diventa pure una conclusione razionale. Il mondo, infatti, è creato da Dio liberamente, e liberamente da lui salvato, perché, se da lui procedesse per necessità, per una qualche necessaria «emanazione», si avrebbe l'assurdo di un mondo necessario e di un Dio che non può stare senza il mondo. Un Assoluto, *solutus ab,* dipendente da qualcosa al di fuori di lui, un «indipendente» «dipendente». Allora sì che la divina trascendenza risulterebbe irrimediabilmente compromessa! Dio è dunque libero, ma non vi può essere atto libero senza consapevolezza e quindi senza intelligenza. Se poi Dio fosse irrazionale, allora tutto sarebbe irrazionale e non avrebbe senso nessuna riflessione, nessun argomento, nessun linguaggio e neppure una rivelazione. Il pensiero teologico e filosofico cristiano ha salvaguardato questo importante principio della razionalità o intelligibilità di tutto l'essere ,*ens et verum convertuntur*, componendolo con l'altro fondamentale principio della misteriosità di Dio. Infatti la luce della mente è da considerarsi null'altro che una partecipazione della Luce increata di Dio. Con questa luce l'uomo può elevarsi, usando dell'analogia fino al mistero di Dio senza mai però poterlo cogliere del tutto.

3.5. Attualità

Il commiato dalla ragione metafisica però ha anche altre conseguenze, che toccano dal vivo il problema della coesistenza di prospettive religiose diverse nel mondo «globalizzato» in cui ci troviamo. Esso, infatti, configura una pericolosissima patologia del fatto religioso che lo espone al sentimentalismo, al particolarismo, al settarismo e, in definitiva, alla violenza. Per lo studioso rumeno Mircea Eliade (1907-1986), forse il più grande storico delle religioni del secolo XX, la religione, il «sacro», non è uno stadio nella storia della coscienza umana e, dunque, solo uno dei tanti possibili contenuti di questa coscienza, ma una sua struttura fondamentale (18), a cui fanno necessariamente riferimento le passioni più nascoste e potenti che albergano nel cuore dell'uomo: che ne sarà di esse se lasciate in balía dell'irrazionale? È una possibile deriva che minaccia tutte le religioni, anche la religione, perché di religione si tratta, del laicismo relativista. Anzi, questa più di tutte le altre, perché essa scaturisce proprio dal programmatico rifiuto dell'uso metafisico della ragione.

Il cristiano non può rassegnarsi a vivere la sua fede nel privato come se fosse una cosa sua, a cui gli altri sono estranei, all'insegna del «ciascuno ha la sua verità e quindi la sua religione», perché la missione gli compete strutturalmente: «Andate dunque e ammaestrate tutte le nazioni, battezzandole nel nome del Padre e del Figlio e dello Spirito santo, insegnando loro ad osservare tutto ciò che vi ho comandato. Ecco, io sono con voi tutti i giorni, fino alla fine del mondo» *(*Mt. *28, 19-20).*

D'altra parte, se il cristianesimo è per sua natura missionario, come concepire l'evangelizzazione di chi non condivide la fede? L'unica alternativa alla testimonianza, la forma originaria della prima evangelizzazione che si esprimeva emblematicamente nelle figure del martire e dell'apologeta, è solo la violenza. Voler però convincere con la violenza un essere ragionevole è contrario alla ragione e «...non agire secondo ragione,"*sýn lógô*", è contrario alla natura di Dio".

Sono passati degli anni e ancora ci sentiamo bisognosi di ri-ascoltare questa "lezione di Ratisbona": non agire secondo ragione, è contrario alla natura di Dio... Fra la nostra ragione "limitata" e l'eterna sapienza di Dio esiste un rapporto di analogia; Dio non diventa più Dio se lo confiniamo "oltre" la nostra comprensione, come un Dio-Arbitro che dall'alto ci scruta impassibile... Il Dio veramente divino è quello che si presenta a noi come *Logos*, come Parola feconda di ragione e come tale agisce pieno di amore e per amore. E questo *Logos* pieno di amore ci chiede di essere uomini e donne che agiscono gli uni verso gli altri con la forza della nostra ragione, con amore. Comprendiamo allora come, alla luce di queste sottolineature sul rapporto religione-fede, il discorso di Benedetto XVI ci conduca anche alle soglie di un vero dialogo inter-culturale. Ragione e fede sono chiamate a incontrarsi in un modo nuovo. La ragione, abbandonando la chiusura all'orizzonte empirico-sperimentale è chiamata ad abbracciare il tutto dell'uomo; l'umanità con le sue domande e le sue paure; in cui anche le tradizioni religiose devono essere accolte nell'umano inteso in senso ampio. La religione, o le religioni, sono chiamate a loro volta a mettersi in ascolto della ragione, riflesso della luce di Dio, che invita all'umanità, all'amore. Non è un caso infatti che sia il Cristianesimo che l'Islam, si vedono entrambe, seppure in modi diversi, "religioni della ragione".

Solo se ragione e fede sapranno incontrarsi in modo nuovo, superando gli steccati e le logiche del razionalismo e del relativismo ma anche del fideismo, potranno porsi al servizio dell'uomo integrale e la teologia, come ricerca sulla ragionevolezza della fede, potrà dare un suo significativo contributo nel dibattito delle scienze e in questo dialogo.

Pochi sanno che, in realtà, la lectio di Benedetto XVI produsse già frutti di dialogo nell'incontro, avvenuto nell'aprile 2007, con una rappresentanza di intellettuali provenienti dall'Iran: il tema scelto, non a caso, fu Ragione, fede e violenza. Da questo dialogo nacque una dichiarazione ufficiale.

"Fede e ragione sono intrinsecamente non violente. Né la ragione né la fede devono essere usate per commettere la violenza; purtroppo entrambe sono state alcune volte usate in modo erroneo per perpetrare violenze. In ogni caso, questi avvenimenti non possono mettere in discussione né la ragione né la fede". La logica del documento conciliare dedicato al dialogo interreligioso, la *Nostra Aetate*, viene di fatto ripresa e attualizzata nella conclusione del discorso di Benedetto XVI, precisamente in rapporto a quella sfida interculturale che viene spesso utilizzata come motivazione per un'esclusione delle ragioni teologiche dal dibattito culturale. Sebbene le cronache lo abbiano catalogato e archiviato come il classico incidente di percorso, frutto di una svista e di una gaffe da manuale, i manuali di storia potrebbero invece riabilitare Ratisbona e attribuirle un ruolo di snodo epocale e data cruciale, al punto che un giorno forse, insieme all'11, ricorderemo anche il 12 settembre. In un contesto analogo e non meno drammatico ci ricorderemo della lezione di Ratisbona, ci ricorderemo che "Dio non si compiace del sangue, e che non agire secondo ragione, è contrario alla natura di Dio". E questo vale per tutti.

Capitolo 4

Nessuna salvezza fuori della Chiesa?

Afferma J. Ratzinger che nei tempi moderni vi è una grande certezza della misericordia di Dio anche oltre i confini della Chiesa[28]. E per l'uomo moderno diventa un problema il tollerare una Chiesa che, nel corso della storia, ha fatto della pretesa di esclusività in ordine alla salvezza un elemento essenziale della sua auto comprensione e della sua stessa fede. Se cade questa pretesa anche la Chiesa sembra entrare in crisi. Ma anche prescindendo dalla forma specifica del pensiero cattolico romano la fede cristiana ha rivendicato, fin dagli inizi, una pretesa universale. Ha preteso di essere l'unica via di salvezza. La esclusività della Chiesa in ordine alla salvezza non è altro che la concretizzazione ecclesiale di questa pretesa della fede cristiana. Afferma J. Ratzinger, da quanto detto, che in realtà la questione importante non è più la salvezza degli altri ma la cosa realmente decisiva su come si deve ancora intendere, di fronte alla certezza della salvezza dei non cristiani, la pretesa incondizionata della Chiesa e della sua fede. Bisogna mostrare se si può mettere insieme la pretesa universalistica della Chiesa con la nostra coscienza odierna. Bisogna chiarire come è possibile alla fede restare fedele a sé stessa nel mutare delle condizioni: "ciò che sta in discussione è l'essenziale identità tra la fede di allora e la fede di oggi e perciò

[28] Cfr. J. Ratzinger, *Il nuovo popolo di Dio,* p. 365-367.

fondamentalmente la possibilità di restare lealmente un credente cristiano nella chiesa cattolica"[29].

4.1. Breve excursus storico

Poi Ratzinger per spiegare il senso della formula fuori della Chiesa non c'è salvezza traccia un breve ma significativo percorso storico:

- **Teologia tardo-giudaica dell'arca di Noè**: questa teologia vede nella salvezza di Noè e della sua famiglia, tra la catastrofe provocata dal diluvio, un simbolo della salvezza del resto d'Israele. In seguito la riflessione del libro della Sapienza, ripresa in ambito patristico, vide la salvezza causata dal legno dell'Arca, divenuto simbolo del legno della croce, segno di salvezza in mezzo alla catastrofe dell'umanità. Il nuovo testamento, invece, non esprime da nessuna parte l'esclusività della Chiesa in ordine alla salvezza anche se ci sono le basi da cui si svilupperà questo discorso.
- **Origene**: Siamo nel III secolo e Origene nella sua terza omelia su Giosuè medita sul racconto degli esploratori israeliti che durante un giro segreto di ispezione a Gerico trovano un rifugio sicuro nella casa di una prostituta, Rahab. Questi come ricompensa per il suo aiuto gli promettono che, quando torneranno per conquistare Gerico, gli risparmieranno la sua casa. L'importante è che essa metta alla finestra un filo rosso

---

[29] J. Ratzinger, *Il nuovo popolo di Dio,* p. 366.

scarlatto come segno di riconoscimento. In Origene questa casa della prostituta diventa simbolo della Chiesa che dà rifugio e protezione. E il filo rosso che dà garanzia affinchè la casa sia risparmiata è il sangue di Cristo. Ciò che sta a cuore a Origene è una parenesi ai giudei, in quanto egli si rivolge principalmente a loro, e gli dice: voi credete che vi basta l'Antico Testamento ma anche per voi la sede della salvezza è la casa della prostituta, la Chiesa venuta dai pagani, che attraverso il sangue di Cristo è diventata, però, vergine e sposa. Anche voi avete bisogno del sangue di Cristo per la salvezza.

- **Cipriano**: se in Origene vi era l'appello rivolto ai giudei di non limitarsi all'Antico Testamento, in Cipriano vi è l'appello all'unità contro la divisione nella comunità cristiana. L'intento delle sue asserzioni è, perciò, la definitività della struttura episcopale e l'indispensabilità dell'unità contro ogni tentativo di separazione dalla comunità cristiana fondata sul Vescovo.
- **Agostino**: ha, invece, elaborato un concetto molto stretto di esclusività della Chiesa in ordine alla salvezza insieme, però, all'idea dell'*Ecclesia ad Abel*, cioè di una Chiesa che esiste da sempre, fin dal primo uomo. Agostino, cioè, ha anche dato consistenza al pensiero di un'appartenenza alla Chiesa capace di esserci anche al di là di una appartenenza ecclesiale visibile e giuridica.

- **Fulgenzio di Ruspe:** fu lui a creare quella formula cristallina, intesa in senso rigido ed esclusivista, dell'*Extra Ecclesiam nulla salus* che con grande incisività si impresse nei secoli successivi;
- **Concilio di Firenze:** fu questo Concilio del 1442 ad assumere con fedeltà letterale le asserzioni di Fulgenzio di Ruspe, dandogli un peso e una valenza magisteriale. Il suo richiamo alla Chiesa indivisibile va situato, però, all'interno del suo tentativo di superare lo scisma tra oriente e occidente. Vanno fatte a questo proposito due precisazioni. La prima è che la formula *Extra Ecclesiam nulla salus* viene sviluppata sullo sfondo dell'immagine del mondo dell'antichità che era ritenuto prevalentemente cristiano. La seconda precisazione è che, questa formula, è solo una parte all'interno di uno sviluppo della storia dei dogmi. Le singole asserzioni dogmatiche acquistano il loro valore preciso solo all'interno del "tutto" della storia dei dogmi;
- **Pio IX:** Nel *Sillabo* condanna indifferentismo. Con questo termine Pio IX indicava l'uguaglianza di tutte le religioni, fondato su un concetto meramente formale e simbolico di religione. Un concetto disposto a valorizzare il contenuto religioso come cifra sostituibile e mai come contenuto. si trattava di definire, in fondo, la pretesa della rivelazione della fede cristiana, che Dio si è fatto realmente parola in Gesù Cristo. Non solo simbolo della nostra ricerca ma una risposta che Dio ci dà;

- **Pio XII:** Pio XII collega questo insegnamento di Pio IX con un differenziato insegnamento di appartenenza e rapporto alla Chiesa. Aggiunge l'insegnamento del desiderio implicito della Chiesa, dato obiettivamente a motivo di una retta disposizione, in forza del quale un uomo desidera conformare la sua volontà alla volontà di Dio. come determinazioni contenutistiche di questa volontà vengono menzionate la fede e l'amore;
- **Concilio Vaticano II:** anche per il Concilio Vaticano II restò come dato indiscutibile che solo Cristo è la via per la salvezza ma non arrivò alla fuorviante conclusione che tutto quello che, apparentemente, è fuori da Cristo è una non via. Concluse, invece, che tutto quello che è via fuori di lui, lo è in forza di lui e, quindi, gli appartiene. Le dichiarazioni della *Lumen Gentium* restano nella linea di Pio XII quando si afferma che una vita vissuta secondo coscienza e sotto l'influsso della grazia porta alla salvezza. La *Gaudium et Spes* vede, invece, il centro del cristianesimo nel mistero pasquale e, cioè, nel passaggio dalla morte alla risurrezione. Questo passaggio non è altro che l'amore, un'esistenza vissuta solo per amore. La via cristiana della salvezza, cioè Cristo, è identica al mistero pasquale, ovvero all'amore. Si prende parte alla via di Cristo nella misura in cui si partecipa al passaggio dalla morte alla risurrezione, dalla morte all'amore.

4.2. Stato attuale del problema

Afferma J. Ratzinger, parlando dello stato attuale del problema, che vi è stata in epoca moderna un ampliamento della storia. La storia infatti, grazie alle scoperte scientifiche, viene dilatata iniziando mezzo milione di anni indietro, tant'è vero che la storia biblica appare oramai come un punto minuscolo all'interno del complesso, ben più vasto, della storia[30].

Per quanto, poi, riguarda il futuro va messo in conto un ridursi complessivo della percentuale della Chiesa nel mondo. Afferma J. Ratzinger che il "trionfo" che la statistica riserva al cattolicesimo rispetto alle altre religioni in futuro verrà ridimensionata ma già oggi questo presunto "trionfo" è precario per chiunque non si affida alle statistiche. Anche Hitler, infatti, figurava nelle statistiche come un cattolico. Va detto da questo punto di vista che, riprendendo le parole profetiche di Ratzinger, "solo una minima parte di coloro che si chiamano ancora cattolici per amore di qualsivoglia convenzione sono toccati e coinvolti in verità dall'evangelo di Gesù Cristo"[31]. In tutto ciò Ratzinger afferma che il nostro compito di cattolici non è tanto quello di ottenere una qualche garanzia sulla salvezza degli "altri" ma di comprendere la posizione e la missione della Chiesa nella storia che ci permetta di tenere insieme l'universalità della salvezza divina e l'indispensabilità della Chiesa per la salvezza. Il problema per noi più vero, afferma Ratzinger, non è se e come gli altri possono essere salvati ma è perché devo io tuttavia credere? Perché a questo punto

---

[30] Cfr. J. Ratzinger, *Il nuovo popolo di Dio,* p. 379-380.

[31] J. Ratzinger, *Il nuovo popolo di Dio,* p. 379.

non posso scegliere un'altra via, forse più comoda, passando da uno che vive il cristianesimo, portandone il nome con impegno, ad un "cristiano anonimo"? Da questo punto di vista non ci bastano tutte quelle teorie che riconducono la salvezza degli altri al loro "presunto" desiderio implicito della Chiesa, specie quando viene identificato con una buona fede e intenzione. Queste risposte infatti sono insufficienti perché finiscono in un pensiero di natura pelagiana, dove in fondo basta la buona volontà dell'uomo ai fini della salvezza. Ma la buona volontà, afferma Ratzinger, è solo una consolazione vuota che non contribuisce alla liberazione e alla redenzione dell'uomo. Bisogna tener presente affrontando questo tema le condizioni soggettive e oggettive della salvezza, per poter cogliere, contemporaneamente, l'universalismo della salvezza e l'indispensabilità di Cristo e della fede per la salvezza.

4.3. Aspetto soggettivo

Per quanto riguarda l'aspetto soggettivo[32] J. Ratzinger cerca di rispondere alla domanda seguente: qual è il *proprium*, ossia lo specifico, di un cristiano? Il Nuovo Testamento, afferma Ratzinger, dà a riguardo due risposte complementari. La prima risposta è la seguente: il cristiano è colui che ha l'amore e, proprio per questo, niente gli manca. Ci basti considerare cosa afferma Paolo nella lettera ai Romani 13, 9 s e la parabola del giudizio finale di Mt 25 dove il

---

[32] Cfr. J. Ratzinger, *Il nuovo popolo di Dio,* p. 381-384.

"sacramento" del fratello si presenta come l'unica via, sufficiente, della salvezza.

Questa constatazione, però, si imbatte in una realtà di fatto propria dell'uomo: nessuno ha realmente l'amore perché l'amore umano è deformato dall'egoismo. L'uomo, cioè, è formato da slanci di amore ma anche, e nello stesso tempo, da egoismo. E a questo punto ci si fa incontro la seconda risposta del Nuovo Testamento. Gesù Cristo colma con la sovrabbondanza del suo amore di rappresentanza le nostre mancanze. All'uomo è richiesto solo di aprirsi a questo dono d'amore, di rappresentanza del Signore, e di accogliere la sua benevolenza. Questa è la fede. È vero che la fede, nel suo senso ultimo, presuppone la pienezza delle realtà testimoniate nella Sacra Scrittura ma è, altresì, vero che, secondo questa descrizione, è possibile una fede prima della fede. È la fede dei semplici, degli *anawin,* dei poveri in spirito.

Riassumendo le questioni poste si può affermare con J. Ratzinger quanto segue:

> Il Nuovo Testamento dice al tempo stesso che "l'amore solo basta" e che "solo la fede basta". I due momenti esprimono però un atteggiamento di superamento di sé, in cui l'uomo comincia ad abbandonare il suo egoismo e ad incamminarsi verso l'altro. Per questo, tale atteggiamento ha la sua prova del nove nel fratello, nell'altro uomo; nel suo "tu" si fa incontro all'uomo in incognito il "tu" di Dio[33].

[33] J. Ratzinger, *Il nuovo popolo di Dio,* p. 382.

Resta vero che, pur essendo il prossimo l'incognita primaria in cui Dio si manifesta, egli si può palesare anche attraverso altre incognite, quali molti elementi dell'ordinamento religioso e profano. Si parla di molti elementi e non di tutti perché esistono delle cose in cui Dio non si può rivelare, quali l'odio, l'egoismo, il piacere, l'avidità etc. Ciò porta a delle conseguenze significative e mostra concretamente la falsità dell'asserzione secondo cui ciascuno, per essere salvato, deve vivere in base alla sua convinzione, in cui si identifica, molto spesso, il seguire la propria coscienza con il seguire le proprie convinzioni condizionate socialmente e storicamente. Sembra, apparentemente, per la sensibilità moderna giusto, per esempio, quando si afferma che un musulmano per essere salvato deve essere un "buon" musulmano o un indù un "bravo" indù etc, senza peraltro spiegare cosa s'intende per buono e bravo. Ma, seguendo questo ragionamento, non si potrebbe anche dire che un nazista, un uomo delle SS, per essere salvo deve esercitare bene e fino in fondo il suo compito ed essere un "buon" nazista? Questi ragionamenti apparentemente progressisti nascondono, invece, un forte conservatorismo in quanto eleggono a tesi costitutiva l'idea che ognuno giunge alla salvezza attraverso il proprio sistema. Seguendo questi ragionamenti si può notare, infatti, una certa idolatria del sistema e dell'istituzione ma non è l'applicazione fedele del sistema che salva. Quello che salva è solo l'amore e la fede che rappresentano il superamento e l'apertura di tutti i sistemi. Le religioni sono un aiuto alla salvezza se conducono all'amore e alla fede, mentre sono di ostacolo se non mirano a questi atteggiamenti. Inoltre se si

crede che i sistemi religiosi in quanto tali salvano l'uomo, in questo caso avremo molteplici vie di salvezza e l'umanità, in questo caso, sarebbe fatalmente destinata a rinchiudersi nei propri particolarismi. "La fede in Cristo significa invece la convinzione che esiste un appello al superamento di questi particolarismi e che solo così, nel convergere verso l'unità dello spirito, la storia giunge al suo compimento e alla sua pienezza"[34].
A questo punto sorge una domanda: cosa si intende per coscienza? Quando si confonde il seguire la coscienza con la fedeltà al proprio sistema si intende, in realtà, con coscienza il superego del proprio gruppo sociale di riferimento. Questa non è la coscienza cristiana, cioè l'appello di Dio comune a tutti. La vera coscienza, infatti, non dice cose diverse a seconda delle persone e dei propri riferimenti sociali ma comanda sempre ciò che è comune a tutti a prescindere dai diversi sistemi e, a volte, va anche contro i sistemi stessi. A che cosa chiama la coscienza? La vera coscienza induce sempre ad amare il proprio prossimo, sprona a far si che ciascuno sia e resti umano con il fratello che incontra. Vivere secondo coscienza non significa arroccarsi nelle proprie convinzioni ma, altresì, significa seguire la chiamata, rivolta a tutti indistintamente, all'amore e alla fede. Da questo punto di vista l'affermazione che ciascuno deve vivere secondo la propria coscienza è in sé del tutto giusta, sempre se si intende, però, in questo modo sopra delineato.

---

[34] J. Ratzinger, *Il nuovo popolo di Dio,* p. 384.

4.4. Aspetto oggettivo

La domanda a cui adesso, seguendo le riflessioni di J. Ratzinger, siamo chiamati a rispondere è la seguente: è necessaria la Chiesa per la salvezza? Affermiamo quanto segue: Cristo non è mai un semplice individuo di fronte all'umanità ma, nella sua opera, non ha voluto restare e rimanere solo. Eglì si creò un Corpo, il "Corpo di Cristo"[35], la Chiesa. Ciò significa che ha chiamato gli uomini a partecipare al suo servizio in un legame talmente profondo che egli non è più pensabile senza di essi. Gli uomini sono diventati i suoi "organi" e fanno parte del Cristo totale, capo e membra. Si può affermare con J. Ratzinger:

> Cristo solo salva, si; ma questo Cristo, che solo salva, non è mai solo, poiché la sua azione di salvezza ha appunto la sua caratteristica nel fatto che egli non fa dell'altro semplicemente un ricevente passivo di un dono chiuso in sé, ma lo coinvolge nella sua propria attività: l'uomo viene salvato, in quanto collabora a salvare altri. Si viene sempre per così dire salvati per gli altri e, in questo senso, anche tramite gli altri[36].

Questo perché l'orientamento della vita di Gesù è caratterizzato dalla preposizione *per*. Se, quindi, la salvezza è diventare come Gesù significa che la salvezza altro non è, in fondo, che un partecipare a questo *per* di Gesù. Ciò significa che l'esistenza cristiana non è altro che il passaggio, la Pasqua, dall'essere per sé all'essere *per* gli altri.

[35] Cfr. J. Ratzinger, *Il nuovo popolo di Dio,* p. 385-389.
[36] J. Ratzinger, *Il nuovo popolo di Dio,* p. 385.

Anche il servizio esplicito nella Chiesa non è fatto da tutti ma è rivolto a tutti, è *per* tutti. Non si deve pensare che il servizio che uno svolge nella Chiesa è una garanzia di salvezza e che solo egli viene salvato mentre gli altri sono condannati. Quello che si deve pensare è che tramite lui anche gli altri vengono salvati. Ciò conduce ad un'altra osservazione importante: per poter salvare tutti la Chiesa non ha bisogno di identificarsi, anche esternamente, con tutti. La sua essenza è radicata nella sequela di Cristo che ha assunto tutta l'umanità sulle sue spalle. "la sua essenza consiste nell'essere la schiera di pochi, tramite i quali Dio vuole salvare i molti"[37]. "La Chiesa non è tutto, ma esiste per tutti"[38].

Che posto occupa la missione in tutto ciò? La missione non è altro che l'espressione concreta di questo essere *per* della Chiesa, di questa sua apertura, quell'essere gli uni per gli altri tramite il quale la storia è stata salvata e ricondotta a Dio per mezzo di Cristo. La Chiesa non è un circolo esoterico di "salvati" ed "eletti" ma è una realtà concreta aperta agli altri, uno spazio aperto, dove l'amore circola e si diffonde fuori di sé stesso e oltre sé stesso. Questo perché il voler comunicare il bene fa parte della necessità interna del bene come tale. E Dio in quanto bene in Persona è, nello stesso tempo, comunicazione, dono di sé, superamento di sé. Questo vale anche per tutto quello che deriva da Dio, sommo bene, come la Chiesa. La Chiesa, infatti, raggiunge la sua pienezza solo nel comunicare, diffondere e rivelarsi come dono di sé e

[37] J. Ratzinger, *Il nuovo popolo di Dio,* p. 387.
[38] J. Ratzinger, *Il nuovo popolo di Dio,* p. 387.

aldilà di sé stessa nella missione. La Chiesa è una realtà dinamica e ciò significa che resta fedele al suo significato e assolve pienamente il suo compito solo se trasmette il messaggio che ha ricevuto in dono da Dio a tutta l'umanità. Se, invece, lo conserva per sé tradisce sé stessa e il mandato di Gesù.

4.5. La *Dominus Jesus*: lettura ecumenica

Il 5 settembre 2000, la Congregazione per la Dottrina della Fede, con a capo il Card. Ratzinger, ha presentato una dichiarazione dal titolo *Dominus Jesus* sull'unicità e l'universalità salvifica di Gesù Cristo e della Chiesa. Al documento è stato dato un ampio rilievo da parte dei mezzi di comunicazione sociale con resoconti purtroppo non sempre accurati, e spesso molto polemici. In vari ambienti, la Dichiarazione non è stata correttamente interpretata, e tali incomprensioni hanno suscitato delusione, ed anche dispiacere nell'ambito delle altre Chiese e Comunioni cristiane, le quali hanno visto nel testo un modo nuovo e negativo di considerare il movimento ecumenico, che si poneva in contrasto con la visione del Concilio Vaticano II. A distanza di qualche tempo dalla pubblicazione del documento, ed ora che le tensioni da esso provocate si sono alquanto ridimensionate, sembra opportuno riflettere su alcuni aspetti della Dichiarazione.

Per una corretta lettura della Dichiarazione, è necessario tenere a mente il suo scopo, descritto dal documento stesso: «[...] la presente dichiarazione interviene per richiamare ai Vescovi, ai teologi e a tutti i fedeli cattolici alcuni contenuti dottrinali imprescindibili, che possono aiutare la riflessione teologica a maturare soluzioni conformi al dato di fede e rispondenti alle urgenze culturali contemporanee». Nel richiamare tali indispensabili elementi della dottrina cristiana, la Congregazione per la Dottrina della Fede si riferisce in primo luogo al «dialogo tra la fede cristiana e le altre tradizioni religiose». La Dichiarazione sottolinea l'insegnamento tradizionale della Chiesa, così come esso è confessato nel Credo di Nicea e confermato dal Concilio Vaticano II, e cioè che Gesù Cristo, il Verbo di Dio fatto carne, Figlio del Padre, ha un ruolo assolutamente unico nella salvezza del mondo.

Nessun cristiano può evidentemente nutrire dei dubbi su tale essenziale elemento della fede cristiana e della missione al mondo. Infatti, Gesù stesso ha affermato: «Io sono la via, la verità e la vita. Nessuno viene al Padre se non per mezzo di me» (Gv 14, 6), «nessuno conosce il Padre se non il Figlio e colui al quale il Figlio lo voglia rivelare» (Mt 11, 27). Di fatto, numerose autorità delle altre Chiese e Comunioni ecclesiali hanno espresso il loro apprezzamento per l'idea guida che ha condotto alla pubblicazione di *Dominus Jesus*, e sono state concordi nell'affermare con la Santa Sede la necessità che sia chiarito, specialmente in questa nostra epoca, il ruolo unico di Gesù Cristo nella salvezza. Anche per queste stesse autorità, «certe teorie di tipo relativistico, che intendono giustificare il pluralismo religioso, non solo de facto ma anche de iure (o di principio», sono oggi una minaccia per la fede cristiana. Sebbene tra coloro che hanno commentato positivamente questo aspetto della Dichiarazione, alcuni abbiano espresso riserve circa la formulazione ed uno stile al quale non erano abituati, non di meno si può affermare che non vi è stato un sostanziale disaccordo sul contenuto del documento. L'atmosfera polemica a seguito della pubblicazione della dichiarazione, ha purtroppo fatto sì che i mezzi di comunicazione sociale trascurassero, per la maggior parte dei casi, di mettere in rilievo il vasto consenso attorno all'affermazione cristiana della nostra fondamentale comprensione comune del ruolo unico di nostro Signore e Salvatore Gesù Cristo nell'opera della salvezza, e che, di conseguenza, fosse data poca importanza a tale consenso nelle successive discussioni sul documento.

In effetti, l'acceso dibattito che aveva innescato la pubblicazione del documento, si è concentrato quasi interamente, almeno nell'emisfero occidentale, sul suo capitolo IV, L'Unicità e l'Unità della Chiesa. Anche a questo proposito si può sottolineare che le difficoltà non provenivano dalle principali tesi esposte nella Dichiarazione, ma piuttosto dall'assenza nel testo di ogni riconoscimento esplicito per ciò che è stato realizzato in campo ecumenico negli ultimi trentacinque anni, e per i progressi registrati dal movimento. Tuttavia, la Dichiarazione *Dominus Jesus* non riguarda direttamente il dialogo ecumenico. La Chiesa cattolica dispone di altri documenti che trattano con autorevolezza dell'impegno ecumenico, come la Lettera Enciclica di Papa Giovanni Paolo II *Ut unum sint*, ed il *Direttorio per l'Applicazione delle Norme e dei Principi sull'Ecumenismo* del 1993. Non era certamente nelle intenzioni della Congregazione per la

Dottrina della Fede sostituire *Dominus Jesus* ai documenti già esistenti su tale argomento. Essa intendeva richiamare alcune verità essenziali della dottrina cattolica alla base di ogni dialogo, sia esso di carattere ecumenico o di carattere interreligioso, allo scopo di respingere idee ed opinioni purtroppo diffuse in taluni ambienti di una insufficiente e ambigua presentazione della cristologia e della ecclesiologia cattolica. Una comprensione della natura della Chiesa, così come essa è stata fondata da Gesù Cristo, è questione centrale per quasi tutti i dialoghi teologici attualmente in corso. Chi è impegnato in una rigorosa ricerca teologica, riconosce senza difficoltà che molte altre questioni di fondamentale importanza per pervenire alla comunione piena e visibile tra i cristiani non possono essere risolte senza avere previamente raggiunto una comune comprensione di ciò che è la Chiesa. *Dominus Jesus* richiama il modo secondo il quale la Chiesa cattolica comprende la relazione tra la Chiesa una, santa, cattolica e apostolica fondata da Gesù Cristo, e la Chiesa cattolica governata dal successore di Pietro e dai Vescovi in comunione con lui. La dottrina cattolica afferma che la Chiesa fondata da Cristo e che Egli ha affidato, dopo la sua Risurrezione, alla cura pastorale di Pietro, sussiste nella Chiesa cattolica. La Dichiarazione della Congregazione per la Dottrina della Fede, richiamando ancora una volta l'insegnamento dei Concilio Vaticano II, nel sottolineare che esiste, un'unica Chiesa di Cristo, riconosce l'esistenza di altre Chiese particolari che «pur non essendo in perfetta comunione con la Chiesa cattolica, restano unite ad essa per mezzo di strettissimi vincoli, quali la successione apostolica e la valida eucaristia". Le Chiese ortodosse e le Antiche Chiese dell'Oriente sono un esempio al riguardo.

Sì ritiene invece mancante di quelle condizioni fondamentali che permetterebbero di considerarla Chiesa particolare nel senso appena indicato, una Comunità cristiana, che non ha un episcopato radicato nella successione apostolica, o «la genuina ed integra sostanza del mistero eucaristico», così come esso è stato trasmesso dalla Tradizione della Chiesa. La definizione del termine «Chiesa», ed il suo uso, in molte delle lingue parlate oggi designa semplicemente «una particolare società cristiana organizzata». Le Comunità ecclesiali originate dalla Riforma hanno modi differenziati di descrivere la Chiesa. Ad esempio, la Chiesa Presbiteriana degli Stati Uniti d'America, in un documento ufficiale che determina la sua Struttura di Governo, adotta la seguente definizione: «Le varie e diverse congregazioni di credenti, prese in senso collettivo, costituiscono l'unica Chiesa di Cristo, chiamata, in modo ridondante, la Chiesa». I Luterani hanno una comprensione molto più profonda, affermando che la Chiesa è «laddove si predica il Vangelo e si amministrano i sacramenti secondo il Vangelo». Il Prefetto della Congregazione per la Dottrina della Fede, il Cardinale Joseph Ratzinger, in una intervista pubblicata ne L'Osservatore Romano, ha affermato a tale proposito: «Il Concilio ha cercato di accogliere questo diverso modo di determinare il luogo della Chiesa, affermando che le Chiese evangeliche effettive non sono Chiese nello stesso modo in cui ritiene di esserlo quella cattolica, ma in esse esistono elementi di salvezza e verità". La Dichiarazione *Dominus Jesus* richiama con chiarezza, al riguardo, l'affermazione conciliare, secondo la quale le altre Chiese e Comunità ecclesiali, «quantunque crediamo che abbiano delle carenze, nel mistero della salvezza non sono affatto spoglie di significato e di peso. Poiché lo Spirito di Cristo non ricusa di servirsi di esse come strumenti di salvezza, il cui valore deriva dalla stessa pienezza della grazia e della verità che è stata affidata alla Chiesa cattolica». Inoltre, «i battezzati in queste Comunità sono dal battesimo incorporati a Cristo e, perciò, sono in una certa comunione, sebbene imperfetta con la Chiesa».

4.6. La *Dominus Jesus* e il dialogo interreligioso

La dichiarazione del Concilio Ecumenico Vaticano II sulla relazione tra la Chiesa e le religioni non cristiane *Nostra aetate,* pur favorendo un notevole contributo al dialogo tra le religioni sulla base dell'unità di Dio e della famiglia umana, è di una chiarezza cristallina nell'affermare il cristocentrismo della salvezza. Per il Concilio Vaticano II il dialogo interreligioso non scalfisce minimamente la certezza che deve animare ogni cristiano: la divinità di Cristo e il suo essere unico e universale salvatore. Ma proprio questo assunto fondamentale è divenuto spesso problematico, specie per tutte quelle teologie che si definiscono del pluralismo religioso. Ed è proprio in risposta a queste teologie, per lo più a matrice relativista e sincretista, che la Chiesa ha redatto la *Dominus Jesus.*

Proprio a partire da questo documento, di cui Ratzinger è stato il principale estensore, è utile porsi una domanda: cosa intende J. Ratzinger e, poi, Benedetto XVI con l'espressione dialogo interreligioso? Perché si potrebbe pensare, in compagnia di molti teologi, che Ratzinger con questo documento abbia frenato il cammino verso una maggiore comprensione delle altre religioni, chiudendo le porta ad ogni possibile dialogo con esse in un atteggiamento cattolico di superba superiorità ed egemonia sulle altre religioni. In realtà J. Ratzinger mette in rilievo, nelle sue opere teologiche e anche, in seguito, nei testi magisteriali il vertice della Rivelazione, riconoscendo però che lo stesso punto vertice, per quanto posto per sempre in Gesù Cristo, ha bisogno di essere approfondito sotto l'azione dello Spirito che porta alla pienezza della verità (Gv 16, 13). È questo cammino di approfondimento a consentire al dialogo tra cattolici ed esponenti di altre religioni di non essere un dialogo solo di facciata ma una vera ricerca di approfondimento della verità, dove le luci dello Spirito possono giungere da svariate parti. Ma queste luci devono venire colte come luci dello Spirito nella misura della loro convergenza con la rivelazione biblica, interpretata in sintonia con la Tradizione e il Magistero ecclesiale. In sintesi J. Ratzinger con la *Dominus Jesus* pone di fronte ai cristiani una grande sfida. Quella di saper mostrare come il Vangelo e la testimonianza della propria fede nella sua interezza si possa coniugare con il dialogo interreligioso, in modo credibile e senza sincretismi o relativismi. Per dialogare non bisogna mettere tra parentesi e nascondere la propria identità. È necessario, invece, testimoniarla. Sempre, però, con un tono umile, povero e accogliente proprio del Vangelo.

4.7. E Papa Francesco?

Per cogliere il *proprium* della proposta dialogica di Papa Francesco, sapendone però cogliere in *primis* la continuità rispetto al suo predecessore, riporto i numeri dell'*Evangelii Gaudium* inerenti il dialogo interreligioso. Numeri importanti in quanto:

- Sono in linea con l'insegnamento del Concilio Vaticano II e dei documenti postconciliari inerenti il dialogo interreligioso. Da questo punto di vista sono in perfetta sintonia con il magistero di Benedetto XVI;
- Ci presentano un Papa Francesco saldo nella sua identità e in controtendenza a quell'immagine mitica di un Bergoglio liberal propria di certi ambienti progressisti. Non serve, dice il Papa, un sincretismo conciliante o un'apertura diplomatica per dialogare ma occorre, altresì, una identità chiara e gioiosa.

250. Un atteggiamento di apertura nella verità e nell'amore deve caratterizzare il dialogo con i credenti delle religioni non cristiane, nonostante i vari ostacoli e le difficoltà, particolarmente i fondamentalismi da ambo le parti. Questo dialogo interreligioso è una condizione necessaria per la pace nel mondo, e pertanto è un dovere per i cristiani, come per le altre comunità religiose. Questo dialogo è in primo luogo una conversazione sulla vita umana o semplicemente, come propongono i vescovi dell'India «un'atteggiamento di apertura verso di loro, condividendo le loro gioie e le loro pene». Così impariamo ad accettare gli altri nel loro differente modo di essere, di pensare e di esprimersi. Con questo metodo, potremo assumere insieme il dovere di

servire la giustizia e la pace, che dovrà diventare un criterio fondamentale di qualsiasi interscambio. Un dialogo in cui si cerchi la pace sociale e la giustizia è in sé stesso, al di là dell'aspetto meramente pragmatico, un impegno etico che crea nuove condizioni sociali. Gli sforzi intorno ad un tema specifico possono trasformarsi in un processo in cui, mediante l'ascolto dell'altro, ambo le parti trovano purificazione e arricchimento. Pertanto, anche questi sforzi possono avere il significato di amore per la verità.

251. In questo dialogo, sempre affabile e cordiale, non si deve mai trascurare il vincolo essenziale tra dialogo e annuncio, che porta la Chiesa a mantenere ed intensificare le relazioni con i non cristiani. Un sincretismo conciliante sarebbe in ultima analisi un totalitarismo di quanti pretendono di conciliare prescindendo da valori che li trascendono e di cui non sono padroni. La vera apertura implica il mantenersi fermi nelle proprie convinzioni più profonde, con un'identità chiara e gioiosa, ma aperti «a comprendere quelle dell'altro» e «sapendo che il dialogo può arricchire ognuno». Non ci serve un'apertura diplomatica, che dice sì a tutto per evitare i problemi, perché sarebbe un modo di ingannare l'altro e di negargli il bene che uno ha ricevuto come un dono da condividere generosamente. L'evangelizzazione e il dialogo interreligioso, lungi dall'opporsi tra loro, si sostengono e si alimentano reciprocamente[39].

---

[39] Francesco, *Evangelii Gaudium,* p. 247-249.

Capitolo 5

Per una teologia del Matrimonio cristiano

Per la prima volta è uscita in italiano (per i tipi di Marcianum Press) una traduzione di *Zur Theologie der Ehe*, una conferenza tenuta dal giovane Ratzinger il 27 marzo 1968 ad Heilsbronn in Germania pochi mesi prima della pubblicazione di *Humanæ vitæ*. l'enciclica *Humanæ vitæ*– che come intercetta alcuni dei temi della conferenza – sarebbe stata pubblicata alcuni mesi dopo, il 25 luglio 1968. In questo testo J. Ratzinger ci consegna una riflessione teologica capace di lasciare il segno e, nello stesso tempo, una visione profetica capace di illuminare la teologia del matrimonio. Infatti J. Ratzinger, in questo testo, sembra aver già intravisto la dissoluzione sociale e morale dei decenni a venire con i suoi gravi fenomeni di isolamento e disintegrazione dell'individuo. È come se Ratzinger avesse già visto e sperimentato le varie contrapposizioni tra correnti teologiche diverse e avesse già letto in anticipo sia la *Familiaris consortio* di Giovanni Paolo II, che l'*Amoris lætitia* di Francesco. D'altro canto i paragrafi di *Deus caritas est* su *eros* e *agape* mostrano qui che già cinquant'anni fa Ratzinger aveva le idee chiare a riguardo:

> L'artificiale contrapposizione fra eros e agape, come l'ha costruita Nygren [massimo teologo luterano svedese del XX secolo], deve essere completamente liquidata e superata perché errata. Sul piano puramente

religioso De Lubac l'ha chiarito in modo grandioso nel suo libro sul significato spirituale della Scrittura[40].

Il metodo di lavoro di Ratzinger nel riflettere sistematicamente sulla teologia del matrimonio è sempre lo stesso:

1- studio della Scrittura,

2- a scuola dai Padri della Chiesa,

3- ricostruzione della storia del dogma,

4- momento sistematico.

Tutto questo contrassegnato da un dialogo costante anche con le comunità ecclesiali separate, e in un confronto serio e schietto con la società e con le istanze della modernità.

Questo saggio si sviluppa essenzialmente in quattro tesi:

1. La "sacramentalità" del matrimonio,
2. Il punto di partenza dell'etica matrimoniale cristiana,
3. I diversi piani della realtà del matrimonio,
4. Le norme per l'*ethos* del matrimonio.

---

[40] J. Ratzinger, *Per una teologia del matrimonio*, Marcianum Press, 2018, p. 36.

5.1. La "sacramentalità" del matrimonio

La prima cosa che Ratzinger fa è rispondere alla domanda: cosa dice Gesù del matrimonio? Gesù in Mt 19 risulta contrapporre l'originario: "Per la durezza del vostro cuore Mosè vi ha permesso di ripudiare le vostre mogli, ma da principio non fu così. Perciò io vi dico…"[41]

Ecco il commento di Ratzinger a riguardo:

> Alla volontà di Dio incanalata nelle forme storiche, annacquata, ma anche concretizzata, Gesù contrappone l'incondizionato appello di Dio nella sua interezza; egli libera l'uomo dall'ambiguità della casuistica, ma rende manifesto anche il suo peccato, perché la legge storica e, insieme, la sua interpretazione sono smascherate come fuga dalla totalità della volontà di Dio […][42].

Ratzinger non biasima la legge, riconosce, anzi, che proprio essa ha preparato l'incarnazione. Afferma però che Gesù trasgredisce e supera la legge… e non costituisce una nuova legge al posto della precedente, ossia qualcosa che si possa vivere "normativamente", ma invita ad aderire con cuore profetico al Vangelo. Afferma Ratzinger che è la fede a rendere possibili delle scelte irrevocabili come il matrimonio ma dichiara anche che …

> Allo stesso tempo si deve però ricordare senza esitazioni che dal puro diritto naturale non si può dedurre l'unità e l'indissolubilità del matrimonio. La "natura" del matrimonio è il suo essere nella storia e la sua naturalità si compie solo negli ordinamenti storici. Anche l'ordine

[41] Mt 19, 8-9.

[42] J. Ratzinger, *Per una teologia del matrimonio*, p. 14-15.

della fede è un ordine storico, sebbene esso veda in Cristo la forma definitiva della storia e debba quindi attribuire alla pretesa della fede un carattere incondizionato. Inoltre, bisogna qui di nuovo ricordare che il richiamo di Gesù all'originario in contrapposizione all'antico trasgredisce la legge e non è esso stesso legge[43].

Cosa in sostanza afferma J. Ratzinger?: "L'unità e l'indissolubilità del matrimonio non si possono dedurre dalla sua natura", anzi "la natura del matrimonio esiste solo nel darsi storico", "anche la fede è condizionata dalla storia", "quando Gesù oppone il progetto di Dio a Mosè trasgredisce la Legge e non ne fonda un'altra".

Poi J. Ratzinger osserva come proprio il matrimonio sia diventato un istituto cristologico, poiché se Cristo è «primogenito di ogni creatura» (Col 1, 15), Gesù stesso è non solo il profeta di quel Dio che "da principio" aveva destinato all'unione l'uomo e la donna, ma è *quello stesso Dio.* è quell'Adamo a immagine del quale Adamo ed Eva furono fatti.

A cominciare da qui sono da comprendere il controllo dell'eros e la sua relativa desacralizzazione in Israele e nella Chiesa. Così come la de-divinizzazione del mondo non equivale alla sua demonizzazione, ma significa piuttosto la sua liberazione dal demonio, allo stesso modo alla de-divinizzazione dell'eros non corrisponde la sua demonizzazione, bensì la sua liberazione dalla componente demoniaca[44].

---

[43] J. Ratzinger, *Per una teologia del matrimonio*, p. 50.
[44] J. Ratzinger, *Per una teologia del matrimonio*, p. 19.

Il giovane Ratzinger già mette in guardia i decenni successivi su certi entusiasmi superficiali per la "teologia del corpo": l'esperienza teo-cristo-logica nella vita coniugale avrebbe richiesto un'ascesi – che la santità esige mentre la sola sacralità demoniaca no.

5.2. Agostino e Bonaventura

Poi Ratzinger passa a interrogare i due punti di riferimento del suo pensiero teologico, Agostino e Bonaventura.

Secondo Agostino (*De bono coniugali* 17, 19-19 22) fra l'Antico e il Nuovo testamento esistono due forme del sacramento matrimoniale, quella poligamica e quella monogamica, con le rispettive allegorie:

> Il matrimonio dei patriarchi che simbolizza la Chiesa futura costituita da molti popoli [...]. La Poligamia costituisce dunque il "sacramentum" proprio di quel matrimonio, si tratta di un sacramento pluralium nuptiarum: reale rappresentazione simbolica dell'unità nella molteplicità verso cui tende la storia. L'unica Chiesa formata dai molti popoli è già realtà e ora non è più essa ad essere raffigurata simbolicamente, ma è l'escatologica «unica città dei molti, che ora [hanno] un'anima sola e un cuore solo rivolti a Dio». Al posto del sacramentum pluralium nuptiarum compare il sacramentum nuptiarum singularum, che rappresenta la radicale unità della polis escatologica[45].

---

[45] J. Ratzinger, *Per una teologia del matrimonio*, p. 21.

Il giovane teologo J Ratzinger è colpito da come

> [...] Agostino, in base al suo concetto di sacramento, consideri il matrimonio in larga misura ancora dal punto di vista storico e adoperi l'idea di diritto naturale in modo molto più flessibile rispetto ai successivi tentativi di sistematizzazione teorica. [...] Da ultimo, è importante rilevare come per il vescovo di Ippona l'unità e l'indissolubilità del matrimonio siano chiaramente funzioni della compiuta fede in Cristo: realizzazioni nella carne dell'uomo della fedeltà di Dio all'Alleanza divenuta carne in Cristo[46].

Bonaventura invece distingue (*Commentaria in quattro libros Sententiarum* IV, 23, a. 1, q. 2 c.) tra

1. i sacramenti comuni all'Antico e al Nuovo Testamento (matrimonio e penitenza);
2. quelli intermedi, già esistiti in abbozzo nell'Antico Testamento ma che appaiono nella loro forma piena nel Nuovo (battesimo, eucaristia e ordine sacro);
3. quelli tipici del Nuovo Testamento (cresima e unzione degli infermi), perché Cristo li ha suggeriti ma solo lo Spirito li ha sviluppati.

Ratzinger conclude, grazie al contributo dei suoi maestri Agostino e Bonaventura, osservando di come sia importante una mutua implicazione dell'ordine creaturale e di quello della Grazia, e riafferma con forza la storicità del concetto di sacramento e specialmente del concetto di natura:

---

[46] J. Ratzinger, *Per una teologia del matrimonio*, p. 22.

> Più correttamente dovremmo precisare: solo la realtà dell'Alleanza rende possibile l'autentico ordine del "fenomeno di natura" secondo il piano della creazione, fenomeno di natura che come tale – come puro fenomeno di natura – non può sussistere affatto, ma unicamente ordinato storicamente e, perciò, anche storicamente alienato. [...] Ciò significa [...] che il sacramento non sta sopra, vicino o accanto al matrimonio, bensì che il matrimonio stesso in quanto tale è, per chi lo vive nella fede, sacramento. Quanto più si riesce a vivere il matrimonio sulla base della fede, tanto più esso è "sacramento"[47].

5.3. Il punto di partenza dell'etica matrimoniale cristiana

Per la seconda questione inerente l'etica matrimoniale Ratzinger riparte sempre dal riferimento ad Agostino e alla scolastica in generale. Da Agostino riprende l'impostazione etica dualista di stampo stoico-neoplatonica:

> [...] la concupiscenza come sopravvento delle forze animali su intelletto e volontà è la forma in cui si mostra come il peccato sia la condizione fondamentale di Adamo. Da qui per Agostino la soddisfazione delle pulsioni sessuali in sé non può che essere in ogni caso [corsivo dell'autore, N.d.R.] un "malum", di cui però si può fare un uso buono, cioè conforme alla ragione. "Bene utitur malo" è una formula con cui Agostino descrive il rapporto sessuale legittimo all'interno del matrimonio[48].

Naturalmente Agostino non è solo questo, ma innegabilmente l'etica stoico-neoplatonica adottata da alcuni Padri della Chiesa avrebbe

---

[47] J. Ratzinger, *Per una teologia del matrimonio*, p. 25.
[48] J. Ratzinger, *Per una teologia del matrimonio*, p. 29-30.

sostanziato l'adagio moderno "non lo fo per piacer mio / ma per dare figli a Dio". Il dato invece teologico, che tante volte s'è perso nella striminzita formula "remedium concupiscentiæ" è un altro:

> come matrimonio cristiano è piuttosto rappresentazione della salvezza, comunicata come guarigione dell'uomo. Il peccato agisce ancora in esso solo nella condizione della guarigione, del progressivo risanamento[49].

Sembra di ascoltare *Amoris lætitia.* Ma leggiamo cosa dice ancora Ratzinger successivamente:

> la teoria sul matrimonio procede sempre meno dall'idea agostiniana fondata sulla storia della Salvezza e sempre più dai concetti filosofici di natura e genus (o generatio). In tal modo una concezione teologica pur sempre ancorata alla storia viene sostituita da una concezione la cui razionalità astorica è caratterizzata da una singolare mescolanza di astrazione e naturalismo. Il punto di vista dominante afferma ora che la sessualità è una questione di "natura"; ma naturale viene definito [...] come ciò che la natura detta a tutti gli esseri viventi (animalia). Tale natura – si dice – appartiene all'uomo non come individuo ma come esemplare di una specie; il matrimonio risulta conseguentemente una funzione della specie e trova nella conservazione della stessa il suo significato essenziale[50].

Da qui è scaturita la crisi del matrimonio, cui la Chiesa fatica a opporre una parola realmente convincente sul piano della ragione... perché è quello il piano che essa stessa ha assunto. E tuttavia ci

---

[49] J. Ratzinger, *Per una teologia del matrimonio*, p. 31.
[50] J. Ratzinger, *Per una teologia del matrimonio*, p. 31-32.

teniamo stretto quel modello, perché – si dice – almeno tutela il matrimonio. Ratzinger non è d'accordo con questa affermazione:

> Ora, non si capisce più per quale motivo sia necessario il matrimonio per dare forma morale alla sessualità; il matrimonio viene presentato come la miglior tutela per la crescita dei figli, ma in verità non può essere giustificato sulla base del criterio naturalistico cui ci si è affidati[51].

Da dove partire per il rinnovamento?

Ratzinger non è un profeta di sventure e suggerisce anche delle vie di sviluppo.

1. «la castità non è una virtù fisiologica, ma sociale». «La moralizzazione della sfera sessuale risiede nella sua umanizzazione, non nella sua naturalizzazione»;
2. «l'intreccio tra creazione e alleanza [...] mostra la caratteristica del matrimonio cristiano». «L'*eros* appartiene all'integrità del matrimonio cristiano, il quale non può esser fatto solo di *agape*» e «può anche realizzarsi come *eros* mistico nella verginità»;
3. «nella costituzione effettiva dell'uomo il sesso e l'*eros* hanno [...] bisogno di essere inseriti nel mistero della croce e della risurrezione» «L'amore coniugale è possibile solo come amore che perdona, che sopporta e si lascia mettere in croce. Questo amore [...] può venire solo dalla fede mediante la "grazia"».

---

[51] J. Ratzinger, *Per una teologia del matrimonio*, p. 31-32..

5.4. I diversi piani della realtà del matrimonio

Ratzinger osserva quindi che nel XX secolo il pensiero sul matrimonio è stato contrassegnato da una filosofia personalistica, la quale ha avuto il merito di aver posto l'accento sulla dimensione della relazione interpersonale ma anche il demerito di aver offerto una sponda pericolosa alla deriva individualistica e, a volte, nichilistica. Infatti mentre prima il matrimonio si reggeva quasi totalmente sul comando "siate fecondi e moltiplicatevi", in seguito l'accento è stato posto quasi completamente sulla creazione di Eva e sull'*adiuturium simile sibi* che Dio in lei ha dato all'uomo.

> Se precedentemente l'eros, come aspetto che va al di là del compito della maternità e della paternità, era stato quasi del tutto dimenticato (in Tommaso entra in scena solo come amicizia che cresce fra i due successivamente al compito procreativo), diviene ora il punto di vista preponderante[52].

J. Ratzinger trova «senza dubbio ambiguo» quando si condanna come immorale «qualunque intervento meccanico [che] comprometterebbe la totalità dell'incontro amoroso» e nello stesso tempo, però, si ammette «la regolazione dei rapporti in base ai periodi di fertilità della donna». Intendiamoci bene: Ratzinger non contesta la dottrina morale della Chiesa ma, rilevando la fragilità del suo sostegno, afferma la necessità di compiere un passo avanti: «il passo in avanti è innegabile». Ma dopo il naturalismo dell'epoca moderna J. Ratzinger attacca anche la visione individualista contemporanea, presente anche

[52] J. Ratzinger, *Per una teologia del matrimonio*, p. 40.

in certe teologie sentimentali. Queste due critiche, all'amore individualista e alla natura pura, in fondo sono sovrapponibili e frutto di una stessa ingenuità:

> [...] Io e tu ci sono sulla base del presupposto del Noi, [e] quindi la persona nel puri significato di incontro Io-Tu non esiste affatto. Tale concezione è un'astrazione favorita dalla temperie culturale dell'individualismo, che ha trascurato l'intreccio profondo di ciascuno nel tutto avvolgente della società, che rende possibile e dà forma all'essere persona[53].

Ed ecco il grande affondo teoretico di J. Ratzinger a riguardo:

> Qui si dimostra come l'esistenza umana abbia necessariamente un carattere pubblico e porti in sé, per così dire, un collegamento con il diritto e l'ordine giuridico: la natura dell'uomo è tale da non essere pura natura, ma di avere storia e diritto – e li deve appunto avere per poter essere "naturale"[54].

Quindi «il matrimonio non è costituito esclusivamente dall'amore personale, e ogni tentativo di spiegare solo a partire da esso il matrimonio o magari le sue fondamentali caratteristiche cristiane – l'unità e l'indissolubilità – è condannato al fallimento».

> Ciò che costituisce il matrimonio è [...] il "sì" dei coniugi (quanto più personale, tanto meglio) come realtà ricevuta e ordinata dalla comunità. Il diritto matrimoniale non è un'aggiunta esterna rispetto ad un amore in sé autosufficiente: esso appartiene all'essenza del matrimonio umano, perché l'essere umano per sua natura è legato al diritto[55].

---

[53], J. Ratzinger, *Per una teologia del matrimonio*, p. 42.
[54] J. Ratzinger, *Per una teologia del matrimonio*, p. 43.
[55] J. Ratzinger, *Per una teologia del matrimonio*, p. 44.

5.5. Le norme per l'*ethos* del matrimonio

J. Ratzinger in questo testo ha profetizzato nitidamente la dissoluzione che il mondo avrebbe vissuto in futuro e la crisi demografica continentale.

Riguardo al controllo delle nascite, però, il giovane teologo non si pronunciò e non per disobbedire al Vangelo, né per non precorrere l'ormai imminente pronunciamento papale. J. Ratzinger era convinto che quello di cui il mondo aveva veramente bisogno era di una rinnovata capacità di *discernimento* e non di un'altra ricettina da applicare. Dirà il nostro teologo che è vero, le responsabilità connesse alla vita e alla morte, alla comunità e alla storia:

> possono anche esigere una limitazione della prole, tanto che questa diventa una scelta etica e il suo contrario una scelta immorale. Ciò significa d'altra parte che in futuro, qui come in tutti gli altri ambiti dell'etica, l'individuazione della cosa giusta sarà questione di sensibilità morale, la quale peraltro non è mai completamente certa della sua giustizia e che riceve la sua giustizia proprio dal fatto che essa rimanda al perdono[56].

Mi pare che, in questo punto, J. Ratzinger stesse rileggendo *Humanæ vitæ* con *Amoris lætitia* e confermando *Amoris lætitia* con *Humanæ vitæ*. Ma qui non si parla di mezzi, ma solo, bensì, di paternità responsabile. Ciò che anche Paolo VI avrebbe indicato, assieme coi mezzi.

---

[56] J. Ratzinger, *Per una teologia del matrimonio*, p. 49.

In ultimo Ratzinger provava a rispondere alla questione dell'indissolubilità del matrimonio, che, a quanto aveva detto in precedenza e che continuerà ancora ad affermare in futuro, non sarebbe connaturale al "matrimonio" ma, bensì, proporzionale alla personalità dei "sì" dei coniugi accolti dalla comunità, che precede, sostiene e accompagna la nuova famiglia. E quì Ratzinger affronta il tema del divorzio. E, da questo punto di vista, in questo testo ha prodotto un passaggio mirabile che *a posteriori* mi pare di poter leggere come un commento ai punti più discussi e dibattuti di *Amoris lætitia*:

> Ma allora la pastorale deve lasciarsi determinare più fortemente dai limiti di ogni giustizia e dalla realtà del perdono; essa non può considerare in modo unilaterale l'uomo macchiatosi di questa colpa [il divorzio, N.d.R.] peggiore rispetto a chi è caduto nelle altre forme di peccato. Essa deve diventare consapevole con maggiore chiarezza delle peculiarità proprie del diritto della fede e della giustificazione per fede e trovare nuove strade, per lasciare aperta la comunità dei fedeli anche a coloro che non sono stati in grado di mantenere il segno dell'Alleanza nella pienezza della sua pretesa[57].

Il giovane teologo J. Ratzinger scelse di chiudere quella conferenza sul matrimonio parlando della verginità: l'annuncio del Regno ha elevato il matrimonio a sacramento della salvezza. Anche se, in fondo, la "declassato" da comandamento a possibilità. Ha creato, cioè, *ex nihilo* la possibilità di consacrare escatologicamente la propria

---

[57] J. Ratzinger, *Per una teologia del matrimonio*, p. 52.

verginità. Questo stato è, secondo la paradossale espressione del Concilio di Trento, *beatius*, "più felice", vivendo un'oblazione "irragionevole e meravigliosa" come è quella del martire. Ma della verginità l'uomo, così come del matrimonio, non può innamorarsi perché essa non è un fine ma è solo un mezzo:

> Né la verginità né il matrimonio producono per l'uomo la sua giustizia: entrambe lo obbligano, ciascuna a suo modo, ad abbandonarsi completamente alla giustizia di Colui che per noi si è fatto peccato e attraverso il quale noi siamo diventati giustizia davanti a Dio per la vita eterna[58].

---

[58] J. Ratzinger, *Per una teologia del matrimonio*, p. 55.

Capitolo 6

L'unità delle nazioni:
Una visione dei Padri della Chiesa

Nell'autunno del 1962 Joseph Ratzinger tenne una conferenza alla settimana della Salzburger Hochschule. Un breve estratto ne venne pubblicato nella rivista dei laureati cattolici *Der katholische Gedanke* (19, 1963, pp. 1-9) e una parte più vasta era stata già stampata in precedenza in *Studium Generale* (14, 1961, pp. 664-682). I due articoli vennero poi rielaborati nel volume Die Einheit der Nationen (1971), tradotto in Italia nel 1973 con il titolo: *L'unità delle nazioni. Una visione dei Padri della Chiesa*, Brescia, Morcelliana, 2009[59].

In questo piccolo libro c'è in germe già tutto il pensiero di Ratzinger. al centro vi è il problema della politica affrontato con il metodo che caratterizza il nostro autore: un'analisi storico-teologica, attenta alla tradizione cristiana ma ripercorsa con creatività. In questo testo il suo interesse è rivolto al mondo antico e ai Padri della Chiesa e, fra i Padri, Ratzinger sceglie due nomi importanti e significativi nel panorama patristico: Origene e Agostino. In questo testo Ratzinger dimostra una capacità di lettura delle fonti antiche, unita ad una

---

[59] Cfr. J. Ratzinger, *L'unità delle nazioni. Una visione dei Padri della Chiesa*, Brescia, Morcelliana, 200959.

grande sensibilità e apertura verso la cultura contemporanea. Infatti attraverso la patristica affronta una tematica che, a partire dagli anni '60, risulta essere molto attuale: la teologia politica.

6.1. La "teologia politica" della fede cristiana

Ratzinger rileva come sono esistite diverse posizioni nella storia:

- **La posizione degli stoici**: la concezione panteistica e, perciò, necessitante della filosofia storica e, nello specifico, l'idea aristotelica della monarchia divina. quest'ultima trovò la sua realizzazione politica nell'impero romano;
- **La fede veterotestamentaria in un unico Dio**: secondo questa fede l'unità iniziale degli uomini si è disgregata a motivo del peccato e il recupero della piena unità viene proiettata al futuro, al momento in cui tutti i popoli confluiranno a Gerusalemme, centro di una nuova umanità;
- **La fede cristiana:** la contrapposizione tra queste due concezioni soprastanti viene resa ancora più evidente dall'avvento di Cristo con cui è iniziata una nuova e definitiva umanità mediante la partecipazione alla sua morte e risurrezione. Questa umanità nuova è quella rappresentata dai cristiani. La Chiesa cristiana era il nuovo mondo, definitivo e vero, che si contrapponeva a quello romano. Nella Chiesa i limiti di ogni visione politica, anche di natura teologica, sono segnati dalle Scritture Sacre ebraiche e, in

seguito, cristiane, delle quali propone la lettura canonica che le interpreta nell'insieme trasmesso dalla Tradizione della Chiesa e dove ogni parte si integra e si richiama al resto del testo. Da ciò nasce anche l'opposizione ad ogni assolutismo politico del cristianesimo e questo, nel mondo antico, si presenta come una rivoluzione.

A questo punto Ratzinger parla della differenza che c'è fra la concezione cattolica e la concezione gnostica inerente il rapporto con il mondo.

- **Lo gnosticismo** respinge il mondo e il suo dio nella sua interezza. Vede solo nella religione il sigillo e la chiusura definitiva del mondo, concepito come una prigione;

- **Il Cattolicesimo** ha sempre affermato, invece, la bontà del mondo in quanto opera di Dio, pur senza minimizzare la realtà del peccato. Il cattolicesimo ha sempre affermato, inoltre, che ogni potere viene da Dio e sulla base di questa convinzione ha fondato la linea di demarcazione tra ciò che appartiene a Dio e ciò che appartiene a Cesare. Senza, peraltro, dover rifiutarsi di tributare il giusto ossequio all'autorità, sempre nei limiti in cui questo non contrasta con i diritti preminenti di Dio. A ciò, poi, va aggiunta la concezione dell'unità di tutti i popoli in Cristo, in quanto la Chiesa è concepita come Corpo di Cristo, nel senso di un unico uomo nuovo. Questo mistero di unità ha il centro nell'eucarestia e si alimenta della convinzione che tutti gli uomini in Cristo diventano fratelli fra di loro.

6.2. Origene e Agostino

Ha questo punto Ratzinger entra nel vivo della discussione prendendo come punti di riferimento due giganti del pensiero patristico: Origene e Agostino.

La riflessione di Origene prende avvio dalla polemica con il filosofo pagano, Celso. Dirà Origene che solo Israele, tra tutti i popoli, è rimasto sotto la protezione diretta di Dio. Origene non nega, di fronte a Celso, che la fede cristiana implichi un possibile vincolo nazionale e politico, come era tradizionalmente per qualsiasi fatto religioso. Solo che va affermato con decisione che nel cristianesimo al posto del dominio delle leggi nazionali è subentrato il predominio della legge di Cristo che ha annullato le leggi antiche. Al posto degli ordinamenti nazionali, sempre limitati e contingenti, è entrata l'unica legge di Dio che, in Gesù Cristo, vige in tutta la terra. Da questo punto di vista è evidente come, per i cristiani, è importante impegnarsi a favore dell'impero, ma sempre dal punto di vista, superiore, del servizio da rendere a Dio che non va subordinato a nessun potere mondano. Questo nuovo ordine era destinato a realizzarsi negli ultimi tempi in quanto la persistenza dell'impero pagano impediva ogni prospettiva presente e futura.

Agostino contesta la verità della religione politica contrassegnata dal culto degli dei tradizionali. Secondo Agostino, in questa prospettiva, il sacrificio di Cristo e dei cristiani è veramente una redenzione, nel senso che ci ha liberato dal culto politico, opposto alla verità, e al posto di esso ha messo l'unico e universale servizio alla verità, che è libertà. Poi, in netta polemica con la divinazione del mondo di matrice panteista e con l'eccessivo divisismo del platonismo, Agostino afferma con forza due convinzioni cristiane:

- Il mondo come creatura di Dio;
- L'incarnazione di Cristo come presenza di Dio nella storia degli uomini.

Da ciò la conseguenza: il bene e il male dei vari regni terreni sono stati voluti da Dio e ciò costituisce il segno duplice e unitario di Dio nella storia. infatti c'è nella storia, dominata da buoni e cattivi insieme, la realtà del potere assoluto di Dio e la relatività dei valori immanenti al mondo come la politica. In altri termini, per Agostino, il Dio creatore è anche il Dio della storia e, proprio per questo, ogni costruzione umana è relativa. Da questo punto di vista Agostino ha riconosciuto i valori positivi dell'impero, quali, per esempio, una buona amministrazione, ma sempre come dei valori relativi rispetto al valore assoluto costituito dalla patria eterna, la città celeste, concepita non solo come una realtà escatologica ma come popolo di Dio, già ora in pellegrinaggio attraverso il deserto della città terrena. È la Chiesa.

In sintesi possiamo affermare quanto segue:

- **Origene:** attivo in un'epoca in cui il cristianesimo era *religio illicita* guardava alla fine del mondo come realizzazione della città celeste;

- **Agostino:** vede già nel suo tempo l'opera della Chiesa, ormai religione ufficiale dell'impero, che abbraccia tutti i popoli e unifica nell'amore tutte le lingue. Essa, contro ogni potere terreno, non deve avere niente in comune con una teocrazia terrena, cioè con un mondo costituito cristianamente. Il realismo della dottrina agostiniana, da questo punto di vista, non propone né una ecclesializzazione dello stato e né una statalizzazione della Chiesa. Questo perché la Chiesa è un'entità sacramentale ed escatologica che vive in questo mondo come un segno della realtà celeste.

6.3. La critica agostiniana alla Teologia Politica

La posizione origeniana, anche se Ratzinger, non la esplicitato, è in fondo la stessa posizione assunta, proprio in quegli anni, da Johann Baptist Metz, padre della teologia politica. Questo perché in Origene "l'elemento cristiano [...] è concepito totalmente in funzione della radicalità del fattore escatologico, che rivoluziona il mondo e non si dà affatto pena neppure di dissimulare o di smentire questo suo carattere rivoluzionario"[60]. Per Origene il cristiano deve rifiutare gli impegni politici, il servizio militare e può anche, a certe condizioni, disobbedire e contravvenire alle leggi dello stato, così come può congiurare contro il tiranno. In questo modo "Origene senza dubbio nella radicalità del suo *ethos* rivoluzionario si è spinto fino a giungere

---

[60] J. Ratzinger, *L'unità delle nazioni. Una visione dei Padri della Chiesa,* p. 65.

a stretto contatto con i confini della concezione gnostica, con la sua negazione per principio degli ordinamenti naturali"[61].

Diversa è la posizione di Agostino. Essa desacralizza gli ordinamenti politici ma senza destituirli dal loro significato. In Agostino

> Tutti gli stati di questa terra sono "stati terreni", anche quando sono retti da imperatori cristiani e abitati più o meno completamente da cittadini cristiani. Sono stati su questa terra e quindi "terreni" e nemmeno possono divenire di fatto qualcosa d'altro. In quanto tali, sono forme di ordinamento necessarie di quest'epoca del mondo ed è giusto preoccuparsi del loro bene; Agostino stesso ha amato lo stato romano come sua patria e si è preoccupato amorevolmente del suo perdurare[62].

Questo, però, non porta ad una indebita identificazione tra cristianesimo e Impero romano. Egli " [...] in mezzo agli ordinamenti di questo mondo, che rimangono e devono restare ordinamenti mondani, aspira a rendere presente la nuova forza della fede nell'unità degli uomini nel corpo di Cristo, come elemento di trasformazione, la cui forma completa sarà creata da Dio stesso, una volta che questa storia abbia raggiunto il suo fine"[63]. Ciò conduce alla seguente constatazione:

> Agostino non ha tentato di elaborare qualcosa da intendere come la costituzione di un mondo fattosi cristiano. La sua *civitas Dei* non è una comunità puramente ideale di tutti gli uomini che credono in Dio, ma non ha neppure la minima comunanza con una teocrazia terrena, con un

---

[61] J. Ratzinger, *L'unità delle nazioni. Una visione dei Padri della Chiesa,* p. 65-66.
[62] J. Ratzinger, *L'unità delle nazioni. Una visione dei Padri della Chiesa,* p. 102-103.
[63] J. Ratzinger, *L'unità delle nazioni. Una visione dei Padri della Chiesa,* p. 111.

> mondo costituito cristianamente, bensì è un'entità sacramentale-escatologica, che vive in questo mondo quale segno del mondo futuro[64].

Riassumendo possiamo affermare quanto segue:

> Mentre dunque in Origene non si vede bene come questo mondo possa proseguire, ma si percepisce soltanto il mandato di tendere allo sbocco escatologico, Agostino mette in conto una permanenza della situazione attuale, che ritiene tanto giusta per quest'epoca del mondo, da desiderare un rinnovamento dell'Impero romano. Ma rimane fedele al pensiero escatologico in quanto reputa tutto questo mondo un'entità provvisoria e non cerca perciò di conferirgli una costituzione cristiana, ma lascia ch'esso sia mondo, che deve tendere lottando a conseguire il proprio relativo ordinamento. In tal misura anche il suo cristianesimo, fattosi in modo consapevole legale, rimane, in un senso ultimo, "rivoluzionario", poiché non può considerarsi identico ad alcuno Stato, ma è invece una forza che relativizza tutte le realtà immanenti al mondo[65].

6.4. Attualità

In altri termini per J. Ratzinger il cristianesimo si oppone alla identificazione tra regno di Dio e programma politico. Il Nuovo Testamento conosce un *ethos* politico ma non conosce nessuna "teologia politica" In quanto

> La politica non è la sfera della teologia, ma dell'*ethos*, che certo si può in ultima analisi fondare solo teologicamente. Proprio in questo modo il Nuovo Testamento rimane fedele alla sua negazione della giustizia che

[64] J. Ratzinger, *L'unità delle nazioni. Una visione dei Padri della Chiesa,* p. 113.
[65] J. Ratzinger, *L'unità delle nazioni. Una visione dei Padri della Chiesa,* p. 114-115.

viene dalle opere, poiché la teologia politica nel senso rigoroso della parola afferma che la compiuta giustizia del mondo dev'essere prodotta dalla nostra opera, che la giustizia nasce come opera e unicamente così. Essa è fattibile e viene fatta. Dove invece lo stato viene fondato sull'*ethos,* l'uomo è interamente preso dal dovere, ma ciò che è di Dio resta di Dio. la derivazione della giustizia statale dall'*ethos* e non dalle strutture significa l'accettazione dell'imperfezione dell'uomo. Essa è umanamente realistica, cioè ragionevole e teologicamente vera. La negazione delle opere non è diretta contro la morale, ma soltanto la perseveranza nella morale resta fedele a questo dato fondamentale del Nuovo Testamento. Il coraggio della razionalità, che è coraggio dell'imperfezione, ha bisogno della promessa cristiana per poter reggere al proprio posto. Questa promessa protegge dal mito, protegge dall'entusiasmo e dalle sue promesse illusoriamente razionali[66].

[66] J. Ratzinger, *Chiesa, ecumenismo e politica. Nuovi saggi di ecclesiologia,* Edizioni Paoline, Cinisello Balsamo, 1987, p. 202.

Conclusioni:

La Profezia dell'amore: "Guardare indietro per Andare avanti"

Concludiamo questo breve testo con quello che è il centro della teologia profetica di Joseph Ratzinger. Domandiamoci: perché la riflessione di J. Ratzinger in qualità di teologo e poi di Benedetto XVI è stata profetica? Perché è scaturita dal centro del cristianesimo ed il centro è l'Amore con la A maiuscola. Non esiste profezia senza amore. Anzi si può dire che la vera profezia cristiana nasce dall'amore. Dove c'è solo rivalsa, contestazione e mormorazione non c'è profezia cristiana. E per noi l'amore non è un concetto astratto, un'idea platonica o un semplice valore di natura filantropica. Per noi l'amore è qualcuno e non qualcosa, è una persona, è uno sguardo, è un volto. Per noi l'amore è disceso dal cielo, si è fatto carne, è venuto ad abitare in mezzo a noi, si è fatto nostro compagno di viaggio, ha parlato, ha condiviso, ha guarito, ha sofferto, è morto per noi. Per noi l'amore è Gesù Cristo. Dove c'è Gesù Cristo c'è l'amore vero, quello autentico e fedele, e dove c'è l'amore vero c'è anche una vera profezia che non è un "prevedere il futuro" ma è un saper leggere in profondità il tempo presente alla luce della fede in Cristo che non permette semplici e fuorvianti pessimismi o facilonerie ma aiuta a scorgere quei "segni dei tempi" utili a capire come orientarsi nel tempo presente e quale potrebbe essere la giusta direzione di marcia da imprimere al cammino cristiano, avendo come bussola orientativa il Vangelo di

Gesù Cristo. Se questo è vero, cioè se la profezia nasce dall'amore e l'amore è un incontro con Qualcuno, Gesù Cristo, che dà alla vita un senso nuovo e una nuova direzione, allora diventa chiaro come il luogo della profezia non è la piazza della rivolta rivoluzionaria ma è l'incontro intimo e dialogico con Gesù. Il luogo privilegiato della profezia è la preghiera. La profezia nasce in ginocchio. Senza inginocchiatoio non c'è, e non ci può essere, profezia. Perché senza preghiera non c'è amore.

Da quanto detto appare evidente come l'enciclica più profetica di Benedetto XVI sia proprio la *Deus Caritas Est.* Questo per il suo argomento, centrale per il cristiano, inerente proprio l'amore di Dio e anche perché posta all'inizio del suo pontificato definisce un chiaro programma di governo e soprattutto una direzione di marcia. Ritengo quindi utile concludere questo mio lavoro con una spiegazione di questa enciclica.

Nell'enciclica sull'amore umano *Deus Caritas est*[67] Benedetto XVI, se da un lato non nega il valore del pensiero greco-aristotelico, dall'altro, però, delinea anche una sua distanza teologica rispetto al messaggio biblico. Fin dall'Antico Testamento.

> La potenza divina che Aristotele, al culmine della filosofia greca, cercò di cogliere mediante la riflessione, è si per ogni essere oggetto del desiderio e dell'amore, -come realtà amata questa divinità muove il mondo -, ma essa stessa non ha bisogno di niente e non ama, soltanto viene amata.

---

[67] Su questa enciclica è interessante la riflessione e il commento occasionato dalla sua pubblicazione a cura di R. FISICHELLA, *Commento teologico pastorale a "Deus Caritas est"*, Lateran University Press, Roma, 2006.

L'unico Dio in cui Israele crede, invece, ama personalmente. Il suo amore, inoltre, è un amore elettivo: tra tutti i popoli Egli sceglie Israele e lo ama – con lo scopo però di guarire, proprio in tal modo, l'intera umanità. Egli ama, e questo suo amore può essere qualificato senz'altro come eros, che tuttavia è anche e totalmente agape [68].

Il messaggio cristiano afferma che Dio è amore in sé e non solo in rapporto al mondo e all'uomo. Questa è la grande novità del cristianesimo. In questo senso la prospettiva trinitaria costituisce l'unico possibile e coerente svolgimento di una metafisica agapica dove la Rivelazione non è altro che la manifestazione di questo amore e la sua credibilità apparterrà alla *virtus amativa.*
E ancora sempre la *Deus Caritas Est*:

> L'amore appassionato di Dio per il suo popolo-per l'uomo- è nello stesso tempo un amore che perdona. Esso è talmente grande da rivolgere Dio contro sé stesso, il suo amore contro la sua giustizia. Il cristiano vede, in questo, già profilarsi velatamente il mistero della Croce: Dio ama tanto l'uomo che, facendosi uomo Egli stesso, lo segue fin nella morte e in questo modo riconcilia giustizia e amore. L'aspetto filosofico e storico-religioso da rilevare in questa visione della Bibbia sta nel fatto che, da una parte, ci troviamo di fronte ad un'immagine strettamente metafisica di Dio: Dio è in assoluto la sorgente originaria di ogni essere; ma questo principio creativo di tutte le cose – il *Logos* – la ragione primordiale – è al contempo un amante con tutta la passione di un vero amore[69].

Questa visione erotico-agapica di Dio affonda le sue radici in un'antica tradizione che va sotto il nome di metafisica agapica o della

[68] BENEDETTO XVI, *Deus Caritas est*, n. 9.
[69] BENEDETTO XVI, *Deus Caritas est*, n. 10.

carità. È questa una metafisica non tanto nutrita dal pensiero aristotelico, quanto dal pensiero e dalla riflessione di Platone e del neoplatonismo, di cui Agostino, ispiratore ideale dell'enciclica, è stato un autorevole interprete. Nella metafisica agapica si tratta, in fondo, di declinare quella filosofia dinamica dell'essere richiamata dalla *Fides et ratio* e di indicare nella *vis amativa* la *dynamis* che muove Dio, il mondo e l'uomo determinandone il rapporto.

La possibilità nella metafisica agapica di tenere insieme l'essere e Dio passa attraverso la logica dell'incarnazione e della redenzione: nella comprensione cristiana della fede da parte di Joseph Ratzinger-Benedetto XVI Dio è *Logos* non solo semplicemente come ragione matematica che sta alla base di tutte le cose ma anche come amore creativo attraverso il quale Dio si rende riconoscibile all'uomo e si dona ad esso. È quanto ha scritto nella sua *Introduzione al cristianesimo*:

> Se la fede cristiana è in primo luogo opzione per il primato del *Logos*, fede nella realtà del senso creativo che precede e sostiene il mondo, in quanto fede nell'essere persona di tale senso è allo stesso tempo un credere che il pensiero originario, di cui il mondo rappresenta il pensato, non sia una coscienza anonima e neutrale, ma sia libertà, amore creativo, Persona[70].

[70] J. RATZINGER, *Introduzione al cristianesimo. Lezioni sul simbolo apostolico,* Queriniana, Brescia, 2003, p. 148.

E ancora:

> Il primato del *Logos* e il primato dell'amore si rivelano identici. Il *Logos* non appare più come ragione matematica alla base di tutte le cose ma come amore creatore fino a diventare compassione verso la creatura. La dimensione cosmica della religione che venera il Creatore nella potenza dell'essere, e la sua dimensione esistenziale, la questione della redenzione, si compenetrarono e divennero una cosa sola [...]. Il tentativo di ridare, in questa crisi dell'umanità, un senso comprensibile alla nozione di cristianesimo come *religio vera* deve, per così dire, puntare ugualmente sull'ortoprassia e sull'ortodossia. Al livello più profondo il suo contenuto dovrà consistere oggi – come sempre in ultima analisi – nel fatto che l'amore e la ragione coincidono in quanto veri e propri pilastri fondamentali del reale: la ragione vera è l'amore e l'amore è la ragione vera. Nella loro unità essi sono il vero fondamento e lo scopo di tutto il reale[71].

Si può, quindi, affermare che nella fede si passa dall'*analogia entis* della metafisica dell'essere, del pensiero classico, che muovendo dall'essere contingente delle creature approda al fondamento dell'essere necessario di Dio, all'*analogia amoris* della metafisica agapica, come scoperta dell'amore del Padre al Figlio nello Spirito, nella comunione trinitaria, come fondamento di tutto. Chiaramente andrà esclusa ogni rigida contrapposizione dialettica tra queste due diverse ma complementari metafisiche[72]. In altri termini questo

---

[71] J. RATZINGER, *La verità cattolica*, in *Micromega*, 2, (2000), p. 53.

[72] Cfr. G. LORIZIO, *Le frontiere dell'amore. Saggi di teologia fondamentale,* Lateran University press, Città del Vaticano, 2009, p. 135-158. I teologi che hanno come punto di riferimento la Pontificia Università Lateranense hanno sviluppato in teologia fondamentale una riflessione specifica sulla natura agapico trinitaria e kenotica della Rivelazione di Dio.

fondamento agapico-erotico induce ad escludere ogni rigida contrapposizione fra metafisica agapica e metafisica dell'essere. In questo senso l'articolazione trinitaria della formula *Deus caritas* risulta essere decisiva a livello fondativo come fondamento agapico in cui si situa il principio kenotico, attraverso il quale il dinamismo estatico dell'agape divino trova espressione e manifestazione nella storia.

Riassumendo e sintetizzando le questioni poste si può affermare che la logica della fede riconosce il proprio principio nella *Kenosi* del *Logos*, fondamento agapico e principio a carattere storico. Principio kenotico e fondamento agapico attraverso i quali si costituisce e si esprime. Ciò significa che a livello gnoseologico la fede cristiana esige un pensiero rivelativo dove la verità non può mai venire disgiunta dall'esercizio della libertà e dal coinvolgimento nella carità. Il fondamento agapico della fede cristiana esige che l'ontologia e la metafisica in essa presenti devono essere sviluppate nel senso di un'ontologia trinitaria e una metafisica della carità. Si tratta, in fondo, di innestare la tematica della credibilità all'interno di una prospettiva agapica nella consapevolezza che solo l'amore può ingenerare e sviluppare tale capacità di credibilità della fede cristiana. In questo senso c'è piena coincidenza tra credibilità della Rivelazione e credibilità dell'amore[73].

Vi è un'attitudine antimetafisica in alcuni esiti del pensiero filosofico e teologico contemporaneo, definito anche ambito continentale ed

---

[73] Cfr. G. LORIZIO, *Le frontiere dell'amore*, p. 148; Cfr. H. U. BALTHASAR, *Solo l'amore è credibile*, Borla, Roma, 1977.

ermeneutico, che ha ingenerato un falso dilemma contrapponendo la carità al concetto di verità elaborato in ambito metafisico, come se carità e verità fossero realtà radicalmente alternative tra loro. Queste tesi che tendono ad esasperare la tematica della *Kenosi* come auto svuotamento di Dio hanno esercitato e esercitano tutt'ora un influsso notevole su alcune proposte teologiche recenti,[74] tendenti, ad esempio, ad indicare il dinamismo *Kenotico* all'interno della trinità come principio e fondamento della fede cristiana[75].

[74] Con la fine della metafisica lo scopo dell'attività intellettuale non è più la conoscenza della Verità. ma sta tutta nella "conversazione" in cui ciascun pensiero ha il fondato diritto di trovare un accordo senza ricorrere ad alcun tipo di autorità. Nella cultura contemporanea questa posizione è rappresentata, oltre che dall'ermeneutica, anche da scienziati come Thomas Kuhn e Artur Fine, da filosofi come Robert Brandom e Bas van Fassen e da teologi come Jack Miles e Carmelo Dotolo. Cfr. R. RORTY - G. VATTIMO, *Il futuro della religione. Solidarietà, carità, ironia,* Garzanti, Milano, 2005. Una stessa tendenza a contrapporre Verità e Carità, sempre all'interno di un orizzonte antimetafisico, la ritroviamo nell'opera del teologo Vito Mancuso. Cfr. V. MANCUSO, *Per amore. Rifondazione della fede*, Mondatori, Milano, 2005. In quest'opera leggiamo: "la Verità infatti non è un teatro metafisico nascosto dietro chissà quale stessa, ma è il bene degli uomini all'interno della vita concreta [...] (p.39) e più avanti: "se si vuol essere cristiani, non si tratta di professare una dottrina. Si tratta di lavorare".(p. 252) In questo testo vengono ripresentati i soliti luoghi comuni contro l'intellettualismo che caratterizzerebbe la valenza veritativa della fede cristiana. D'altro canto va chiarito che non è compito del teologo il rifondare la fede ma la fede è il fondamento delle cose sperate e del suo stesso conoscere, attribuendo un ruolo imprescindibile e primario all'*auditus fidei,* che indica accoglienza, riconoscenza ed adeguata attenzione ai monumenti della tradizione nei quali la fede si è storicamente consegnata e attraverso i quali si è trasmessa fino a noi nel corso dei secoli. Altri autori che ripropongono una posizione analoga in cui la *Kenosi* assume un rilievo fondativo ed esclusivo sono i seguenti: Cfr. K. RUHSTORFER, *Credere e pensare:la presenza della rivelazione in occidente*, in *Il Regno attualità*, 50, (2005), p. 343-355; Cfr. A. RUSSO, *La verità crocifissa. Rivelazione e verità in tempi di pluralismo*, San Paolo, Cinisello Balsamo, 2005; Cfr. G. RUGGIERI, *La verità crocifissa. Il pensiero cristiano di fronte all'alterità*, Carocci, Roma, 2007. La formula della verità crocifissa, proposta da Russo e Ruggieri, incontra un certo successo tra i teologi.

[75] Ad asempio H. U. von Balthasar sostiene che l'annichilamento di Dio nell'incarnazione ha la sua possibilità ontologica nell'autorinuncia eterna di Dio, la sua donazione tripersonale. Da qui deriverebbe e si fonderebbe la *Kenosi* della creazione, con particolare riferimento alla libertà creata e a quella della croce. La tesi di von Balthasar risulta significativa in ordine al tentativo di pensare Dio in una prospettiva agapica. Ma il termine *Kenosi* va applicato alla vicenda del Figlio e alla sua manifestazione storica e risulta problematico applicarlo alla trinità immanente, se non attraverso un'analogia troppo spinta che finirebbe per smarrire il senso stesso della parola. Per la critica a Balthasar: Cfr. L. LADARIA, *La Trinità mistero di comunione,* Paoline, Milano, 2004, p. 226-227. Per una sintesi del pensiero Balthasariano:

Ma è proprio reale questa presunta dicotomia tra verità e amore? Sentiamo in proposito cosa afferma Benedetto XVI nell' enciclica *Caritas in Veritate*: "La verità va cercata, trovata ed espressa nell'economia della carità, ma la carità a sua volta va compresa, avvalorata e praticata nella luce della verità"[76]. Ed ancora:

> Solo nella verità la carità risplende e può essere autenticamente vissuta. La verità è luce che dà senso e valore alla carità. Questa luce è, a un tempo, quella della ragione e della fede, attraverso cui l'intelligenza perviene alla verità naturale e soprannaturale della carità: ne coglie il significato di donazione, di accoglienza e di comunione. Senza verità, la carità scivola nel sentimentalismo. L'amore diventa un guscio vuoto, da riempire arbitrariamente. È il fatale rischio dell'amore in una cultura senza verità [...].La verità libera la carità dalle strettoie di un emotivismo che la priva di contenuti relazionali e sociali, e di un fideismo che la priva di respiro umano e universale. Nella verità la carità riflette la dimensione personale e nello stesso tempo pubblica della fede nel Dio biblico, che è insieme *agape* e *Logos*: Carità e Verità, Amore e Parola.[77]

Quindi carità e verità, amore e parola vanno sempre insieme; l'inseparabilità di verità e carità genera e rende possibile il dialogo tra gli uomini. "perché piena di verità la carità può essere dall'uomo compresa nella sua ricchezza di valori, condivisa e comunicata. La verità, infatti, è *Logos* che crea *dià-logòs* e quindi comunicazione e

---

Cfr. F. G. BRAMBILLA, *Il crocifisso risorto. Risurrezione di Gesù e fede dei discepoli,* Queriniana, Brescia, 1998, p. 241-242.

[76] BENEDETTO XVI, *Caritas in Veritate*, n. 2.
[77] BENEDETTO XVI, *Caritas in Veritate* n. 3.

comunione"[78]. La verità apre e unifica le intelligenze nel *Logos* dell'amore ed è questo l'annuncio e la testimonianza della carità cristiana[79]. La sfida oggi ci sembra quella di recuperare in una nuova visione metafisica della realtà una prospettiva *aletheiologica.* Si tratta cioè di ritornare a pensare la verità in stretta interdipendenza con la carità e la libertà. Verità e carità risultano essere nella sapienza divina inseparabili. Si tratta di pensare Dio secondo il suo nome proprio con cui si identifica nel Nuovo Testamento, in quella parola che più d'ogni altra esprime la sua natura. Lo sforzo è quello di attingere, nel pensare a Dio, alla feconda identificazione dell'essere con l'*agape* e nel rifuggire da una visione della carità principalmente prassistica, velleitaria o sentimentale e banalmente affettiva.

Adesso è il momento di specificare meglio il concetto di amore e dargli un volto. Si, si tratta proprio di dargli un volto e un nome. È un amore personale che è inizio e fine di ogni amore e può dare un senso definitivo all'uomo. È quell'amore che tiene insieme per la prima e unica volta Dio e l'umanità: è Gesù di Nazareth. Ma Gesù Cristo è anche, al contempo, la verità incarnata. Ecco allora che in Gesù si compie quell'unione tra verità e carità che si è auspicato. Afferma a riguardo Benedetto XVI: "In Cristo, la carità nella verità diventa il Volto di una Persona [...]. Egli stesso infatti è la Verità"[80]. Questo significa che non è possibile trovare nessun altro criterio di individuazione e credibilità dell'amore al di fuori dell'incarnazione.

[78] BENEDETTO XVI, *Caritas in Veritate*, n. 4.
[79] BENEDETTO XVI, *Caritas in Veritate*, n. 4.
[80] BENEDETTO XVI, *Caritas in Veritate* n. 1.

L'amore di Gesù, in questo senso, è unico e singolare perché esprime l'essenza della vita divina che è l'amore trinitario. È un amore che visibilizza il mistero della Trinità, Padre, Figlio e Spirito che reciprocamente si donano nell'Eternità. Questa forma divina dell'amore è contenutisticamente rintracciabile e ritrovabile nella vita di Gesù, rivelatore dell'amore trinitario. Ma dove inizia questo amore? Afferma il nostro Credo, di cui Papa Benedetto è un autorevole testimone, che l'amore trinitario di Dio è il punto di partenza di ogni Rivelazione ma quest'amore, essendo appunto amore donativo e comunicativo, non poteva rimanere nella sfera intratrinitaria. In Gesù l'amore trinitario si rende visibile e diventa storico, entrando nell'orizzonte conoscitivo dell'uomo e portando con sé i caratteri dell'unicità, irripetibilità e normatività. La storia e l'uomo, pur continuando a vivere secondo le proprie leggi, riceveranno un nuovo orientamento da Gesù e l'assumeranno come centro e fine del proprio movimento in vista di una futura completezza. Compiendo un'analisi storica della vita di Gesù ciò che emerge subito è che egli ha una missione da compiere o, meglio ancora, la sua missione coincide con la sua stessa vita. Essa è un compiere la volontà del Padre[81] formando una sola cosa con lui[82]. La sua missione è concretizzata, in modo del tutto imprevedibile, nei suoi gesti e nella sua predicazione:

> Questo agire di Dio acquista ora la sua forma drammatica nel fatto che, in Gesù Cristo, Dio stesso insegue la "pecorella smarrita", l'umanità sofferente e perduta. Quando Gesù nelle sue parabole parla del pastore

[81] Gv, 10, 30; 5, 30; 12, 49.
[82] Gv, 6, 38.

che va dietro alla pecorella smarrita, della donna che cerca la dracma, del Padre che va incontro al figliol prodigo e lo abbraccia, queste non sono soltanto parole, ma costituiscono la spiegazione del suo stesso essere ed operare[83].

Ma quello che colpisce sono le sue "pretese": nei confronti della legge[84], nei confronti degli uditori[85], fino a definirsi addirittura Dio stesso con l'uso della formula "Io sono"[86]. Come interpretare questo comportamento? Ciò che può permetterci una diversa lettura della vicenda di Gesù, anche di queste sue presunte "pretese" a primo acchitto sensa senso, è la sua obbedienza assoluta al Padre. La sua, però, è un'obbedienza attiva e capace di accogliere la volontà del Padre facendola diventare propria. Gesù accetta tutto dal Padre: le parole, i gesti, l'abbandono nel momento del bisogno [...]. La sua è un obbedienza fino alla fine che ci permette di dimostrare la verità della Rivelazione e annullando qualsiasi differenza tra la Parola di Dio e colui che ne è il mediatore. L'obbedienza al Padre raggiunge il punto culminante nella *Kenosi* dell'abbandono totale sulla croce. La croce costituisce l'ultimo e più importante criterio di credibilità perché l'uomo possa toccare con mano e verificare fino a che punto arriva l'amore di Dio. Dio ama fino al punto da diventare, sulla croce, silenzio, morte, condivisione dell'esperienza sepolcrale. È il punto culminante dell'amore, è la fonte e la sorgente dell'amore divino. La *Kenosi* rivela, in questo modo, il paradosso insostituibile della fede

[83] BENEDETTO XVI, *Deus Caritas est,* n. 12.
[84] Mt 5, 17-20; 19.
[85] Lc 12; Gv 12; 8, 26; 17, 19.
[86] Gv 8, 28.

cristiana. L'amore kenotico di Dio in Gesù Cristo è un amore che non contraddice la sua onnipotenza perché l'onnipotenza di Dio consiste proprio nel suo grande amore. In altre parole la morte in croce di Gesù rivela l'azione di un Dio infinitamente amorevole ed il manifestarsi dell'amore massimo di Dio:

> Nella sua morte in croce si compie quel volgersi di Dio contro se stesso nel quale Egli si dona per rialzare l'uomo e salvarlo – amore, questo, nella sua forma più radicale. Lo sguardo rivolto al fianco squarciato di Cristo, [...], comprende ciò che è stato il punto di partenza di questa Lettera enciclica:"Dio è amore" [...]. È lì che questa verità può essere contemplata. E partendo da lì deve ora definirsi che cosa sia l'amore. A partire da questo sguardo il cristiano trova la strada del suo vivere e del suo amare[87].

La croce di Gesù è "formula sostanziale della vita cristiana"[88] e fa comprendere che l'amore vero non può esistere senza sacrificio, cioè senza il coinvolgimento della propria vita messa a servizio degli altri. La croce di Gesù per i credenti è coscienza di un amore universale che contemporaneamente è un amore assolutamente concreto verso di lui, verso ogni uomo, è coscienza di un amore di Dio resistente fino alla morte. La vera liturgia è stata istituita da Gesù sulla croce con l'offerta della propria vita perché è il sacrificio che Gesù ha compiuto per mostrarci il suo amore gratuito e infinito. Va, inoltre, considerato che è nell'ultima cena che Gesù ha consumato in anticipo la sua morte sulla croce e la Chiesa celebra nell'eucarestia la presenza

---

[87] BENEDETTO XVI, *Caritas in Veritate*, n. 12.
[88] J. RATZINGER, *Il nuovo popolo di Dio*, p. 48.

sacramentale della morte in croce di Gesù. A lui non bastava più portare a Dio una qualche vittima materiale, come nell'antica alleanza, ma consegnò e sacrificò sé stesso divenendo nel suo corpo il nuovo tempio e inaugurando un nuovo rito. l'eucarestia è, dunque, il sacramento dell'amore, il centro mistico del cristianesimo nel quale misteriosamente Dio esce da se stesso e ci trascina nel suo abbraccio. "L'eucarestia ci attira nell'atto oblativo di Gesù. Noi non riceviamo soltanto in modo statico il *Logos* incarnato, ma veniamo coinvolti nella dinamica della sua donazione"[89]. "Da ciò si comprende come *agape* sia ora diventato anche un nome dell'Eucarestia: in essa l'*agape* di Dio viene a noi corporalmente per continuare il suo operare in noi e attraverso di noi"[90]. Gesù morendo sulla croce, come ci riferisce Giovanni, "emise lo Spirito"[91], preludio del dono dello Spirito Santo che Egli avrebbe compiutamente realizzato a pentecoste[92]. Lo Spirito è quella potenza interiore che armonizza il cuore dei credenti con il cuore di Cristo e li spinge ad amare i fratelli come li ha amati lui. "Lo Spirito è anche forza che trasforma il cuore della Comunità ecclesiale, affinchè sia nel mondo testimone dell'amore del Padre, che vuole fare dell'umanità, nel suo Figlio, un'unica famiglia"[93].

Dal Cristo crocifisso, dall'Eucarestia e dall'effusione dello Spirito Santo nasce la Chiesa, mediazione della Rivelazione di Dio che

[89] BENEDETTO XVI, *Deus Caritas est*, n. 13.
[90] BENEDETTO XVI, *Deus Caritas est*, n. 14.
[91] Gv. 19, 30.
[92] Gv. 20, 22.
[93] BENEDETTO XVI, *Deus Caritas est*, n. 19.

continua nel mondo. La Chiesa è il suo corpo[94] e i membri della Chiesa fanno riferimento a Gesù Cristo come al capo e formano insieme a lui un tutt'uno. La Chiesa si presenta anche come un soggetto personale che ha un rapporto vivo con il suo Signore, parla con lui, è libera di esprimersi e decidersi davanti a lui[95]. È la "sposa" che ha con lo Sposo un rapporto di amore e dedizione. Anche la Chiesa ha una missione che è chiamata a svolgere in obbedienza al Signore. Come per Cristo, anche per la Chiesa vi è identificazione tra esistenza ricevuta e missione da svolgere. Cristo conferendo alla Chiesa la sua stessa missione rivelativa, le chiede di essere disponibile nel mettersi al servizio della Parola che la conduce ad identificare la sua missione con il dono della propria vita. In essa l'esperienza obbedienziale a Cristo si esprime nell'obbedienza ministeriale dove tutta la comunità si pone al servizio di tutta l'umanità. La Chiesa, mescolandosi con gli uomini di ogni tempo e con la loro storia, ricerca il vero senso delle cose, adatta il proprio messaggio alle varie epoche accrescendo la comprensione del proprio mistero in attesa di contemplarlo e comprenderlo definitivamente[96]. La Chiesa parla all'uomo con le eterne parole di Cristo e, mediando questa forma di salvezza, attualizza per sé stessa la salvezza e vive la forma del servizio. Come l'obbedienza di Cristo è giunta fino all'accettazione della morte, così la Chiesa deve saper seguire il Signore fino al dono della vita. La *kenosi* per la Chiesa potrà essere solo "impropria" o

[94] 1 Cor. 12, 12.
[95] Ef. 5, 23-32..
[96] Gv. 16, 13; 17, 17.

"indiretta"[97] ma ugualmente capace di evidenziare la volontà di seguire Cristo fino alla croce. La *Kenosi* di Cristo e la *kenosi* della Chiesa fanno parte di una dinamica diveniente che culmina nell'amore come elemento significante e significativo. L'amore di Cristo e della Chiesa altro non è che un'unico segno di quell'amore trinitario che ha dato origine al mistero dell'incarnazione e che oggi è stato reso significativo per l'umanità.

[97] Di per sé la Kenosi può essere solo quella di Cristo perché solo per lui si dà una preesistenza di vita necessaria per comprendere il concetto di Kenosi. Per questo nel caso della Chiesa si parla di kenosi impropria. Cfr. H. U. von BALTHASAR, *Spirito e istituzione. Saggi teologici,* Brescia, 1980, IV, p. 109-114.

Bibliografia minima per un primo approccio al pensiero di Joseph Ratzinger inerenti alcune tematiche trattate in questo studio:

Ratzinger Joseph., *Il nuovo popolo di Dio,* Queriniana, Brescia, 1971;

Ratzinger Joseph, *Chiesa, ecumenismo e politica. Nuovi saggi di ecclesiologia*, Edizioni Paoline, Cinisello Balsamo, 1987;

RATZINGER JOSEPH, *Introduzione al cristianesimo. Lezioni sul simbolo apostolico,* Queriniana, Brescia, 2003;

Ratzinger Joseph, *La fraternità cristiana*, Queriniana, Brescia, 2005;

Ratzinger Joseph, *Il Dio della fede e il Dio dei filosofi,* Marcianum Press,Venezia, 2007;

Ratzinger Joseph, *L'unità delle nazioni. Una visione dei Padri della Chiesa*, Brescia, Morcelliana, 2009;

Ratzinger Joseph, *Per una teologia del matrimonio*, Marcianum Press, 2018.

Printed by Books on Demand GmbH, Norderstedt / Germany